Уређује
Новица Тадић

Ликовна опрема
Добрило М. Николић

Реализација
Аљоша Лазовић

знакови поред пута

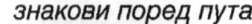

Драгослав Хаџи-Танчић
ГРЧКО СЛОВО

Рад | Београд
| 1999

У УЧИОНИЦИ

Рецимо да се то десило. Ако и није, увод у причу је неизбежан. За њен крај претпоставка је недовољно убедљива. Зато, десило се.

Један од двојице ловокрадица убио је лугара. Али који? Обојица су пуцали, лугар је погођен у главу и срце. Најпре у главу, а потом у срце. Можда и обрнуто. Само не истовремено. Чула су се два пуцња.

Позвани да пресуђују већ толико година се трве да ли ловокрадице треба осудити или ослободити кривице.

Теорија о адекватној узрочности се према тумачењу њених најбољих познавалаца у овом случају потврђује и отказује. За нас престаје да буде важно како то може да буде, јер наш учитељ тврди да је ловокрадица било више од двојице, у сваком случају тројица.

Наш учитељ нам говори да су оба метка, један у главу а други у срце, имали своју жртву. Схватамо то различито; неки од нас тако да два пута треба убити онога ко има два живота. Мање маштовити, да жртву треба дотући.

А то, да га је жртва више занимала од злочинца, као да смо слутили. Нама се на томе, да о жртви, или злочинцу, свеједно коме од њих, више бринемо, не би могло замерити. Никоме не дугујемо за сопствене наклоности. А ни доследност нам не мора бити врлина. Њему, који трага за потпуним одговорима и коначним истинама, не пристаје да раставља неодвојиво; тек злочин и његова жртва творе злочин, према њему су у родитељском односу.

Пресудно за то наше освешћење, о његовом односу према жртви говорим, можда је онај час када је рекао да нико нема право да суди о томе ко је жртва.

Ми, ипак, хоћемо да откријемо жртву.

Да ли је то он сâм, зналац узрока ако не свих, барем оних последица за које се морају положити рачуни.

Знам да ће недоумица остати и после дијалога који је водио. С ким?

Сада вадимо (неко од нас ће то учинити) свитак из његовог џепа на прслуку.

„Ја сам себе убијао у њему.“

„Зашто онда нисте само себе убили?“

„Мислите ли да је то изводљиво?“

„Не знамо... али ако сте били тамо...“

„А где бих могао бити?“

„Ми смо вас тражили. Питали за вас.“

„Он није ништа рекао о мени?“

„Одселио се, рекао је.“

„Хуља. Не кајем се.“

Сада смо уверени, још више због ваше недоумице, да је био и трећи ловокрадица. Један од оне двојице убио га је у лугару. Друга је већ прича да ли је тако убио себе. Тај ловокрадица. Ако му верујемо да никада више неће бити онај који је био, а све указује да је нешто тако изјавио у наступу покајања пред палом жртвом, можемо сматрати да се тако и десило. Убио је себе. Право говорећи, то је могло бити само његово друго ја, тако да су ловокрадице после свега остале у свом збиру с почетка приче.

Наш учитељ није ни ловокрадица, ни лугар. И то је оно што нас онеспокојава. Ми не знамо у коме је он од нас, његових ученика. Јер пронађена белешка је још увек само његово испитивање сопствене вештине. Проба пред самим собом. Можда тек огледање пред неким од нас. А док очекујемо исход његовог трагања за самим собом, пребројавамо се на необичан начин. Празнимо нашу учионицу.

У ПОТРАЗИ ЗА ИДЕНТИТЕТОМ

Ко смо ми? Поново рођени или не?

Себе још нисмо упознали и нека нам се не замери од живих и извесних мртвих што преко других долазимо до сазнања о себи.

Други су онај који је издао заповест и онај који је поступио по заповести.

О заповести се може различито мислити. По њој се поступа или не поступа. У овом другом случају она и није заповест.

Заповест је гласила: „МАРШ НАПОЉЕ!“

Човек (зовимо га тако, за разлику од издаваоца заповести, иако се по људскости нису разликовали) поступио је по заповести. Нашао се на свежем ваздуху.

Човек је био блед и њему је свеж ваздух добро чинио. Овоме би се издавалац заповести веома радовао, да је само знао. И уопште не би повукао своју заповест.

Заповест може бити одлучна или колебљива. Ова је, непримерено речима којима је издата, била колебљива. А колебљивост је склона свакој болећивости. Зашто не и према бледилу лица. Колебљивост издаваоца заповести није била изузетак.

Али колико је времена требало да се са таласа локалне радио станице зачује (панично) упозорење да је концентрација штетних гасова на Главном градском тргу прешла критичну границу?

Издавалац заповести је то време мерио бројем корака човека. Да ли је овај већ стигао на Главни градски трг, прелази ли сада преко њега или га је већ минуо залазећи у скровиту свежину парка?

Како су срећни они који издају заповести службеним актом и на исти начин их повлаче, никада се не зна који ће акт први стићи извршиоцу, мисли издавалац заповести.

Ех, прекорева себе издавалац заповести, да је човека отпослао са лица места одлучношћу које две речи, свака за себе, и МАРШ и НАПОЉЕ, имају, баш онолико колико је он нема, онда када их као име и презиме изговори, где би се тај, у каквој бестрагији, зауставио.

Неки ветар променљивог смера, могао би...

Ех, ех, чујемо уздахе издаваоца заповести.

Довољно да закључимо да је човек на Главном градском тргу, да дише као риба на сувом и да је само питање часа када ће се праћакнути.

Издавалац заповести почиње да ломи прсте, а онда... Шта он то цепа? Слику човековог колапса у сценском оквиру копрцања рибе на сувом? Могуће је, јер говори: „Кад куцне час из цепа ћу извући кључ за конзерву. Гаранција – *трајност неограничена*, утиснута у лим са истим роком трајања, неће тада ни за трен одложити час мога искупљења“.

Затим претрчава прстима по горњој површини ивице стола док каже: „*Такорећи*“.

Ми знамо да је политирана површина стола *такорећи* поклопац клавијатуре.

Тада уследи његов завршни акорд: „Кунем се“.

Хоће ли се он ипак искупити? Сам покушај му неће бити довољан. Зна се шта му се у заслугу једино може приписати. Уосталом, од њега се очекује да поднесе извештај.

Издавалац заповести, свеједно, заслужује похвалу због свог покајања. Зато ћемо му пожелети срећу у подухвату. Али како ће он извести ослобађање човека? Кључем за конзерве, онако како је рекао. Треба ли подозревати? У прикладност средства или у његову вештину? Воља му неће недостајати. Зарекао се.

Исход са нестрпљењем ишчекујемо. Случај човека је егземпларан, колико ми нисмо особени, али су нам судбине у блиском сродству. Зато му рођачки поручујемо да се како зна врати, он који је отишао по заповести: „МАРШ НАПОЉЕ!" Будимо искрени, због нас. Које терају У ПИЗДУ-МАТЕРИНУ. Отуда смо се враћали (увек уз сопствени ризик) без идентитета. Хоће ли нам његов случај повратити наду да можемо бити поново рођени? И какав би то био сусрет нас бивших са нама поново рођеним? Шта би нам он могао донети? Озарење или посрамљеност? Неизвесност је, у поверењу вам саопштавамо, потпуна.

Очекивани извештај нам је коначно стигао.

Ветар променљивог смера, итакодаље.

Не, ми никога нећемо никуда отерати. Могли бисмо бити неправедни, неко увек може бити изостављен. Зашто бисмо баш ми икога ослобађали тог тегобног терета трагања за сопственим идентитетом.

ЦИЉ (НЕ)БИРА ОГЛЕДАЛО

Све се у нечему огледа. Невидљиво колико и видљиво. Огледало (у деминутиву, такође) има као и најбољи мајстор своје муштерије. Њих неће слагати, осим ако се и само шегачи. Зато, а и због много чега другог, не треба га злоупотребљавати. Шта смерамо овим упозорењем? Преко какве напрслине преламамо причу?

Па, ево. Био је сведок мафијашког обрачуна.

Сасвим могућ случај. Чак очекиван за оне који ослоњени на лактове проводе време на прозору, наднесени над понор прометне улице.

А заправо је број убијених остао неразјашњен. Сумњало се да сви убијени нису остали на попришту.

Позната је његова изјава истражном судији.

Видео сам три леша када је пуцњава престала. Главе су им биле у положају равностраног троугла. Тамо, онамо, тамо. По десет корачаја између њих. Док сам телефонирао полицији, не, можда пре или после тога, јер до телефона је требало доћи и вратити се, један леш је нестао. Баш онај чији сам лик почео да распознајем. Ако бих рекао на кога ми је личио, сам не бих поверовао, а ја желим да јамчим за све што кажем.

То је он рекао који час после пуцњаве.

Оптужени нису порицали два убиства. Упитани о трећем, зарицали су се на освету.

Није прошло ни неколико дана а он сам пронађен је на поду своје дневне собе, непомичан, са руком на срцу.

Поред његове главе, тачније између огледала и његовог леша, преливао се црни сатенски плашт у слојевима својих небројених набора.

О оном трећем, непознатом, нико више није проговорио.

Да ли је он своју смрт прорекао? Призвао, изазвао, скривио можда? Ако јесте, којим начином?

Запажамо да је његово сведочење о препознавању трећег леша остало недоречено. Смемо ли, међутим, да устврдимо да је било и непоуздано. Очевици, њих умножава време, заклињу се да је он одвраћао лице од огледала, скривао поглед само ако је то било могуће. Њихов број и учесталост њихових посета наводе на закључак да је он то вазда чинио; у њиховом времену, јер ни они нису са њим били вајкадашњи. Зашто, подстичу радозналост ти ипак кућни пријатељи. Он је био незадовољан оним што је огледало могло да му покаже. Поверујмо у то. Али да ли је такво избегавање суочења са собом довољно да он не види себе у лику који је био његов, макар се он показао и као посмртни остатак. Не верујемо. Није сваки мрак затворених очију исти. Овај његов морале су да засипају жишке самопрекора. Зашто не? Али, и ово: Може ли се представа о себи сматрати мање својом од лика што нам га огледало (никад поткупљиво) неће сакрити? Наравно да не. Зато је он и могао да нађе себе у трећем лешу, онаквог какав је био или каквим је себе замишљао, свеједно. А ако је рекао да не би поверовао на кога му је личио трећи леш, то је остало записано, само је потврдио да нема веће неверице од оне која ће вас обузети када сте ухваћени у бекству од самога себе.

Прорицање сопствене смрти је мање од њеног привиђања. Он је био дарован живописношћу ове друге далековидости, не позавидело му се.

Ништа не откривамо, али њему самом и не ускраћујемо, говорећи да смрт може бити призвана, чак и неопозиво, колико и изазвана или скривљена.

Зарицање на освету оних који су оптужени за два убиства може говорити о њиховим намерама, али бити и само покушај да се замагле околности под којима су извршили злочин; оне отежавајуће. Ми их не можемо теретити за његову смрт ако позвани то нису учинили, а сопствене сумње, буде ли их, запретаћемо као тек зажарено угљевље.

А огледало? Да ли је оно имало разлога за освету? Не оправдавамо. Само питамо. Ако је дато да грех ниске побуде запрља то лице светлости. При свему уздржани пред бесом сваког праведног осветника.

Ипак подсетимо на чињенице.

Огледало се налазило у дневној соби, а на његовом постољу лежао је телефон са кога је обавестио полицију о три леша под својим прозором.

Поред његове усмрћене главе пронађен је у нереду (од)бачене тканине црни сатенски плашт.

Додајмо овим чињеницама, после свега, поуздано сазнање да је избегавао и узгредно суочење са својим ликом у огледалу.

Да ли о огледалу још нешто ваља знати?

Оно је задуго (неутврђено време) прекривено црним плаштом у сјајним сатенским преливима. Тако ослепљено је и у часу док он препознаје себе у друштву два угасла живота, потом и док губи себе у ишчезнућу трећег леша.

Оно излази из свог мрака у часу који је сâм тамна мрља, али пре него што ће он престати да буде онај мистериозни трећи и постати јамачно свој, поуздано идентификован, како је наглашено у званичном извештају.

Тај чин, назовимо га просветљењем огледала, дугујемо склизнућу плашта, али и истовременом заривању два сунчева зрака (кроз два округла про-

13

зорчића на истој страни дневне собе) у безмерну дубину осликаног неба у самом огледалу, од којих ће оно прогледати новим очима.

Шта говори званични извештај о узроку смрти?

Разлог смрти је непознат.

У опису нађеног стања наводи се да постоје ожиљне промене настале проласком страног тела кроз виталне делове грудног коша (лева срчана преткомора и лево плућно крило), као и ожиљак излазне ране испод четвртог ребарног лука. Време настанка промена на ткивима није било могуће утврдити. Разлог се не наводи, али се та последња реченица извештаја завршава знаком усклика.

Случај је, што ће рећи и сȃм леш, прослеђен државном институту за патологију, али се овај, колико нам је познато, до сада није огласио.

Једном смо, не истрајавајте на сазнању о нама, осим ако вам наше умеће које нећемо прикрити може бити од користи, а било је то онда када огледало није имало злосрећну судбину да буде преобучено у црну одору, јер памти оно и дане када он, о коме говоримо, и није одвраћао своје лице од њега, тада смо били посрећени да вратимо стари сјај позлате на раму огледала. Понели смо у себи слику раскошних украса у сва четири угла огледала, памтећи до данашњег дана детаље који измичу невичном оку. Ако је толико требало, јер много раније смо били позвани, али, слутите, не и пре него што ће са њега склизнути плашт и пробости га она два сунчева зрака. Одбијамо да кажемо да је то био увиђај, не узносимо се ни признањем о експертизи достојној нашег угледа. Јер оно што смо могли видети, не грешимо ли о вашој моћи запажања, сȃмо се откривало. Нит амалгама, тог некротичног ткива на лицу огледала, танка али зарезана оштрином убиственог погледа, кренула у хоризонтали из доњег десног угла да би завршила кончастим крајем у првој трећини огледала, сведочила је о ишчезнућу инкрустиране стреле са дијамантским врхом. Шта више од тога, ако то није довољно, рекао би неко коме је све унапред јасно.

Крунски докази, јесу ли украшени драгуљима? Не знамо то, али не падамо у грешку да себе заварамо једним трагом. Огледало, не само његова инкрустирана дијамантска игла, има свој пут. До лица места.

Повратни смер пута огледала до лица места води нас до његовог испоручиоца, стаклорезачке радње *Ненад Б. Кражић, Лесковац,* у годину 1938. Из именика Занатске коморе за округ Лесковац иста радња исписана је 1941. године. Пола века касније, 1991. године, потомак власника речене стаклорезачке радње, *Ненад В. Кражић,* објављује у манускрипту (извесног *С. К. Костиће*) драмолет под називом чија су почетна слова З. М. (по јунакињи чије име у овој прилици не завређује пажњу) иницијали и сада познате нам треће неименоване жртве, а у илустрацији са насловне стране овог дела препознајемо детаље орнаментике огледала. Даља испитивања нас међутим ослобађају почетне сумње. Спис „Венецијанско стакло, својства и облици“, извесног *Paoluccia Anafesta,* из 1931. године, до кога срећно долазимо у антикваријату књижаре Српске књижевне задруге, обавештава нас да је једино породица *Mannini* изводила инкрустације стрела са дијамантским врхом на венецијанским огледалима у неколико векова њихове израде.

Требало је још да загребемо тамнозелене наслаге времена на бордури огледала под рамом да бисмо разгрнули потпис мајстора. Чинили смо то, морамо признати, с нестрпљењем. D. MANINI IX. Једна наша рука, означимо је припадношћу онога који ово прича, сакрила је потпис од погледа који је препознао рукопис из манускрипта датираног 1991. године.

Са овим последњим сазнањем могли бисмо да разбијемо огледало, јер нас је оно увукло у опасну игру сумњичења оних за које је могуће да их је само сплет случајних околности извео пред нас, учинили бисмо то једним од многих начина не марећи за предање да се тако најлакше призива несрећа, али нас од таквог наума одвраћа и само предосећање да разјашњавамо случај сведока мафијашког обрачуна. Признајемо да немамо куражи да зазивамо освету оних који по сопственом признању носе на души два леша, нека нам буде допуштено да о оном трећем не судимо тако, али не ни друкчије. Јер ми не знамо који би лик показало њихово лице пред огледалом, ма колико уверени да не би био помућен вечни мир D. Manninia IX, нити нарушено спокојство нареченог аутора манускрипта.

КЛИМАКС

(исписивање рукописа, развијање радње)

Догађа се у троуглу чије је једно теме кафана, преостала два су пошта и продавница женског рубља.

Кафана и пошта су на истој страни улице, продавница женског рубља преко пута њих, ближе, сасвим близу кафане.

Кафана је без имена (још увек), пошта и продавница женског рубља имају: плавооку поштанску службеницу (пошта), излог са црним гаћицама разапетим на белом сатену (продавница женског рубља).

У суд се по службеној дужности стичу: судије, судије поротници и адвокати.

Сумња да плавоока поштанска службеница (ОНА) улази у продавницу женског рубља, одлучно се пење на плишани подијум излога и навлачи (уз замах бокова) црне гаћице, брзом руком скинуте са белог сатена, посејана је на страницама недовршеног рукописа, чији писац предаје писмене поруке, оне што нису нашле место у његовим рукописима, баш тамо где ОНА провирује кроз округли отвор на шалтеру.

Прича започиње онога дана када у кафани први гост заседа за сто крај прозора и гледа, углавном нетремице, у зграду преко пута, у ствари у сâм излог радње. Отуда му се показују узорци женског веша. Прозорска окна кафане споља испира киша, изнутра их магли топли дах. Гост се прстом нечитко потписује на стаклу (скрива свој идентитет или се припрема да руком отвори поглед на излог радње). И њега мучи сумња да ОНА... (писац је безмало све рекао).

На измаку трећег дана, толико дуго први кафански гост не устаје са места за столом, о чему он може да сведочи?

Састављене обрве и испресецане боре на челу свакоме ће рећи да смо тек пред тренутком његове одлуке.

ОНА дан за даном, а трећи је дан, тек или већ, улази у продавницу женског рубља и излази из ње после дужег задржавања. Корак јој је на излазу, још с врата, зањихан, такав није био док је улазила, искошено, удевајући се.

Црне гаћице су међутим постојано на белом сатену, окрутно распете тек наслућеним иглама-прибадачама. У таквој принуди биле су и у касном вечерњем сату, када је први кафански гост...

Он је напокон климнуо главом.

Његова неподложност утицајима подразумева се, а зна се и коме ће поверити своју одлуку.

Ако сада знамо да догађај који се никада није десио има свог сведока, не смемо да тајимо како је оно што је мучило власника кафане (кога ћемо убудуће познавати као кафеџију) проношено његовим прстом којим се све чешће чешкао по кудравој глави.

„Кафана без имена је што и дете без кума“, просипао је кафеџија себи у недра измичући пред поруџбинама.

Пред сам фајронт први кафански гост заклео се кафеџији да ће се на далеко расчути, што ће он, први гост, разгласити. Ако би некоме и полагао рачун за свој наум, рекао би, то кафеџија мора да зна, да свако има своју истину, али ми сопствену препоручујемо; крепи дух, по потреби подмлађује.

Кафеџији се смешак прелио преко лица, опустиле усне, зуби забеласали, а и очне јабучице се увећале. Али и он је имао нешто да повери свом првом госту. Одвео га је иза шанка и на уво му прошапутао: „У лелујању бокова прапочетак је сваког пијанства.“

Ујутро, а био је први следећи дан, сви они који се у суд стичу (знамо да је место радње најближе суду) крепили су се првим гутљајима. Кафеџија им се није одмах придружио. Када је то учинио, ступио је чврста корака. Људи од правде и реда су заћутали, умели су да слушају. А он није околишио. Затражио је опроштај за грешну мисао, која и не мора бити његова, склопио руке, па тек онда рекао да се на путу до истине ни лажни сведок не заобилази. Делиоци и браниоци правде истурили су груди, дубоко уздахнули, погледе пренели преко њега; за који час, само. А затим у један глас повикали: „О, како желимо да га приведемо, саслушамо, и... казнимо, казнимо, наравно.“ За спас свог првог госта кафеџија је и на колена могао да се спусти, не би се скањивао, али срећна мисао га је просветлила. И он упита: „Господо, знате ли где сте?“ Разуме се да они то нису знали и зато им је саопштио: „У Лажном сведоку“.

„ЛАЖНИ СВЕДОК“, потврдио је кафеџија из прочишћеног грла, „од данас и заувек“, руком је показао да су им широко отворена врата његовог храма.

„Славимо га заувек“, зачуло се у хору новопристиглих.

„И таквог?“, пробуђеног опреза кафеџија је окрзнуо погледом људе од правде.

„О истини и лажи наша је последња“, љутнули су се они и погледима по себи упитали како је могуће да су баш сада остали без својих тога.

Мудрост људи од правде, просута као кап из преврщене чаше пред разборитом главом, тако неочекивано али у правом часу, приморава нас да своје казивање саобразимо следу догађаја, а његов ритам убрзамо, само повремено успоримо, следећи

19

крај радње у, ма колико то зазорно било, њеној учесталости.

Одлуком власти, не зна се да ли и заслугом самих људи од правде, чија је последња о истини и лажи могла бити изговорена и пре него што смо се томе могли надати, кафана мења своје неприлично име; остаје на сведоку, оном правом, као признатом доказном средству.

У неразвејаној сумњи пошта укорева своју плавооку службеницу због њеног учесталог залажења у продавницу женског рубља у радном времену (поште), и у тој строгости приморава је да све чешће одвраћа погледима који је прате, надвладавајући упорност својом у свему примерном истрајношћу.

На вест о промени имена кафане њен први гост је, затечен за истим столом, још увек будне пажње, рекао да му је од свега најважније да буде саслушан, а онда нека се о истини суди; он сâм почиње да верује да се зрно истине у сумњи зачиње. Његов, пак, нечитак потпис на замагљеном прозору, који упркос тренутном ишчезнућу под покренутим рукавом не предајемо забораву, не доводи нас у искушење да у њему самом откривамо пишчевог двојника, као што ни рукопис, и онај недовршени, не можемо сматрати недостојним покушајем преудешавања стварности.

Легитимни почетак приче је, потврђују људи од правде, у недовршеном рукопису. Његовом злоупотребом од стране првог кафанског госта поништавају се све користи потекле од њега, о којима се они, буде ли захтевано, неће изјаснити пре него што им он (рукопис) буде стављен на увид.

Окрутна последица свег догађања могло је бити подозрења са којим би ОНА могла дочекивати писца на свом шалтеру. Али ОНА, на сопствено запрепашћење и уз благо руменило лица, својим погледом разодева писца, свлачећи са њега све, што подразумева, у односу на облачење, обрнути редослед, и поступност, такође, јер ОНА зна за грехе журбе, мудрости свакој учила се са поштанских марака (нерођена је сестра сваког филателисте). Он сâм, писац, препушта се разодевању, хладећи чело на стаклу, погледа скривеног иза полуспуштених капака.

Суочени са таквим призором сами слутимо да се рукопис по себи исписује, а сумња развејава у (уз)дасима, сасвим нестаје у блаженом клонућу.

Тако се радња, стидљиво започета у троуглу, са три хвале вредна темена и масивном зградом суда у предстражи, преноси у раван, чија подлога и не мора бити осцилирајућа, и развија до учесталости, са неизбежним (?) климаксима.

„На здравље!", које ће се свагда чути у кафани, из троугла, дакако, враћа крепост, њима, без којих радња, рецимо приче, не би постојала, а они сами никада неће бити свесни извора своје и у умору обнављане снаге.

ЂАВОЛИ СИЛАЗЕ С ИГЛЕ

Он је о игли знао све. О ђаволу само толико да му боде прст.

За иглу је имао конац, за ђавола напрстак.

Игли није био довољан конац, ђаво се није ни на шта жалио.

Тада је дошла она, која је имала дугмад. Седефасту, говорио би сећајући се њиховог изгледа.

Његов поглед зауставио се у висини њених груди. Шта је он тамо видео?

Два дугмета у понору наборане хаљине, једно испод другог, искретала су се по оси дуж које су спајала два краја тканине и из хоризонталне равни гледала га као очи са лица образом положеног на узглавље. У њиховој дубини светлуцала је зеница-конац и њен сјај га је ситним убодима прошивао по телу.

Разлабављени спојеви његовог тела затегли су се и престали да буду препрека крви, наврле да у општој бодрости тела повећа волумен свему што се томе радује.

Крв зна куда ће, најпре.

Она није покушала да купи његову дугмад. И њена властита су се просула.

Покидана дугмад умела су да се сакрију, они их нису тражили.

Разоденути, сами собом су се покривали.

И када га сада слушамо како говори да су сви ђаволи сишли са игле, сећамо се јадних схоластичара који се још увек питају колико ђавола може да стоји на врху игле.

ЗАШТО НЕ МОЖЕМО
ДА МРЗИМО ЈАПАНСКОГ ЦАРА

„И ја ћу се једног дана родити", рекао нам је на сам дан венчања јапанског царског пара.

Пожелели смо му сву срећу и искрено се радовали будућем догађају.

А речи којима нас је касније оставио у недоумици приписали смо олујном налету његове зле воље.

„Од свега царског признајем само царски рез", сручио је тада на нас.

Он ће ипак морати да оправда своје обећање и пружи уверљиво објашњење одустајања од своје намере, мислили смо.

Суочени са његовим оклевањем, морали смо да отворимо карте нашег изневереног очекивања: „А наставак царске лозе...?"

Очи су му запламтеле: „Горео сам од жеље да изаберем своје родитеље. Када сам то и учинио, мржња невољеног детета окренула ме је противу њих."

Заустили смо: „Боље да се ниси родио", али нас је предухитрио рекавши да ће куцнути његов час.

Знамо да очекује да запитамо цара (јапанског) колико је сати, али и сами родитељи друкчије копилади, показујемо уздржаност достојну источњачке мудрости.

„Разумем вас", каже кад крене пут далеког истока, „ни ваша осветољубивост не може бити божанска."

Тек тада схватамо сопствену недостојност и затрепћемо пред зрацима излазећег сунца.

ПОЧАСНИ КРУГ

Љиљана негује повређеног голуба. „Обавези се предајем до краја“, одбија позив моје жене. „Само сам данас гостољубива“, каже јој моја жена. „Врло радо, али голуб...“, правда се Љиљана. „Невенка је свог голуба лечила, могу те повезати са њом“, последње су речи које моја жена изговара у слушалицу. Истовремено и ја спуштам слушалицу телефона са кога прислушкујем разговор.

Невенкин голуб је угинуо. Не знам какву ће судбину доживети Љиљанин. И једном и другом страдала је нога (лева); прелом.

Оба голуба су дивља.

„Тата, опет сам видела пацова“, саопштава ми млађа ћерка улазећи са балкона.

„Је ли на оном месту?“, питам је.

„Молим?“, зачуђена је.

„Молим?“, чудим се и сам.

„Љиљана и Невенка, свака за себе, пишу причу о сломљеној голубовој нози“, поверава ми жена уносећи ми се у лице, као да разговор између мене и наше млађе кћерке није застао у обостраном чуђењу.

„Па, нека их“, суздржано подржавам пријатељице моје жене.

„Али, суочене су са проблемом“, каже моја жена и седа за сто. Са два удара ножем о ивицу стола, држећи нож за савитљиву оштрицу, звуком започиње обрачун са искрслом тегобом својих пријатељица.

„Шта ја ту могу да учиним?", показујем спремност да помогнем.

„Оне трпе... мучене су...", бол њиховог страдања притиска ми груди.

А моја жена наставља: „Чиме су мучене... погоди."

Ја, наравно, немам намеру да нагађам, иако ми сам захтев допушта право на грешку.

„Питањем избора приповедачке технике", одговара сама моја жена и почиње одсутно да гледа кроз прозор, тамо где неће моћи да нађе, као ни у соби, у којој јесмо, саговорника каквог би желела.

„Оне и јесу мученице", кажем.

„Ако тако сматраш...", оставља ми на вољу. „Али грешиш..." ипак не ускраћује себи право да ме опомене.

„Љиљанин голуб ће бити јунак – приповедач. Субјективни и објективни глас припадаће њему, то јест истом јунаку. И он, колико сам разумела, неће напуштати приповедачку неутралност. Мислим да би то могло бити занимљиво... Шта ти мислиш...?

„Зар сам ја тај који треба да пресуди?", премишљам, а онда не оклевајући питам: „А Невенка?"

„Невенка се определила за свезнајућег приповедача.

„Од Невенке се то и могло очекивати", кажем.

„Можда је тако и најбоље", моја жена иде за својом мисли, „јер њен голуб је мртав. Иначе си ти у праву. Она има смисао за детаљ, а све је у детаљу, он твори целину, целина је по себи свеобухватна."

„Невенка и о нама све зна", кажем.

„О теби више него о мени", са завишћу говори моја жена.

„Ја пред тобом немам никаквих тајни", рогушим се.

„О, није о томе реч. У питању је приступ, сâм поступак. Техника је средство, а оно у себи садржи одговор."

Мој упитни поглед тражи објашњење, по могућству што пре.

„Сâм наратор. О њему је реч."

Признајем да не схватам.

„Невенка сматра да се избор сам намеће."

„Коме... и шта..."

„Да, мени", каже моја жена, „ипак сам ја та која одлучује. Ти си.у улози главне личности, и као такав... У сваком случају Невенкина идеја заслужује пажњу."

Моје ћутање је очекивање. Стиснутих усана.

„Наратор у лику *Rendgena*, господина *Rendgena Vilhema Konrada,* проналазача (x) зрака. Заправо, он не говори а све каже. Није ли у томе врхунац приповедачког умећа. У немом а свезнајућем говору. Та Невенка, ма шта о њој мислили..."

Почињем да схватам.

„Допуштам неслагање. Пред читаоцем је снимак, рентгенски снимак, скинут са *Simensovog* апарата, али иза сцене је он, маг нарације, господин *Rendgen,* изворно *Roentgen, Wilhelm Konrad*".

„Да", са мојих усана пада пред њене ноге признање; она је већ устала и стоји преда мном без ножа-звечке у рукама.

„То није возна карта за беспуће, већ шифра која саопштава дијагнозу – *Fractura colli femoris sin.* То је све, ако наратора не треба препричавати."

„Мислим да не треба", кажем.

„Прелом врата главе бутне кости (леве)", преводи дијагнозу непознатом читаоцу, одлучна да наратора не препричава.

Подешавам положај тела, спреман да свој преломљени леви кук у репарацији сместим у фусноту њене приче.

Она као да слути моју намеру и благовремено спречава сваки мој даљи покушај: „Ти, наравно, не очекујеш да то буде каталог живих експоната. Уосталом, никакав *movie,* јер је фиксирани тренутак негација сваког покрета...“

„Чујем да говорите о негацији покрета“, оглашава се са врата моја старија кћерка. „Узимајте у обзир све околности. Онај мртав пацов што је руком припадника чистачке колоне подигнут са места које ће бити и место твога страдања, оче, фиксиран у једној тачки репа са два прста помогнутих ноктом, и уздигнут, није пример негације покрета фиксацијом.“

„М. п. излази из оквира наше теме, и молим те...“, рука моје жене реже ваздух.

„Не, зашто...“ кажем. „Ако смо се сложили... око наратора... а јесмо. Та коинциденција, најпре м. п., а затим ја, или зашто м. п. пре мене, а све то пред прагом наше куће (можда и његове), стамбене зграде, свеједно, то је оно што...“

Моја жена смишља. Лице јој се затим развлачи у осмех.

Ја сâм, голуб над голубовима, а питом, узлећем, пуштен из руке моје жене.

„Као главни јунак увек ће бити емфатичан. И то је оно што ме брине“, чујем како моја жена говори.

Не осврћући се на њене речи правим почасни круг над њом.

ГРЧКО СЛОВО

Видео сам је као грчко слово Ω.

И кога бих другог питао за тачно време, ако не њу саму. Пред њом сам сопствени сат скидао са руке. Била је то, ништа није случајно, ОМЕГА. Купљена у Венецији. Са угравираним датумом који јесте нечији рођендан. Трпао сам га у џеп, часовник, мој, да у мраку свога незадовољства светлуца фосфором. Боје лишаја кад не пробија таму, фосфор, тај рођени шибицар, кресиво утуљено. Две красте на сказаљкама. Подсећале су ме њих две, не сказаљке, на зацељену рану. Свако је има. Али сат, кажњавао сам његову непрецизност. Истине ради, прецизну непрецизност. Другу не бих отрпео. Знао сам колико касним, са њим, у животу и уопште, никада више или мање. То је стил. Тачност која је само моја. На одстојању од трећег удара гонга са Гринича. Било. Није више. Одричем се свога времена када сам пред њом, мојим грчким словом.

Ви нисте часовничар, питао је њен поглед.

Да ли је то важно ако је тачност моје врховно начело (у ствари, јесте моје начело), узвраћао сам такође погледом.

Било је важно.

Једнога дана отиснула се у свет. Не бих имао ништа против, мада и дручкије о томе размишљам. Са противљењем, неодлучним, све је ипак извесно. Није била сама. Не тврдим да је тако било од првог корака. Без најаве су отишли, она и часовничар. Нека се сматра наговештајем њиховог пута часовничарева изјава да је свет мали, допуњена објашњењем да је мали зато што је цео њихов. Колико, пак, има истине у томе што је рекао, тај часовничар, именоваћу га по занату, зашто не бих, мора бити проверено. Стрпљењем, наравно.

Обилазио сам од тога дана опустелу часовничарску радњу, у широком луку, тако се каже, а нисам имао разлога, заправо. Нисам, право је рећи, хтео да слушам прегањање доконих, ослоњених на металну пречагу излога, и један стуб је био, камени, а и пречага и стуб, улаштени лактовима и раменима; њихово мудровање да ли је време новац, само то, или тек потом и нешто друго, не би ме учинило паметнијим. А можда су ме, не поричем, ноге носиле даље због тога што сам последњи пут пролазећи чуо да часовничар никако не може бити на губитку.

Не сећам се да сам икада рекао да време свему суди. То нисам хтео да кажем иако сам у то веровао.

Да сам прошао онуда можда бих то, о времену, и рекао. За себе, али да то и они чују.

Али, да се све враћа себи и своме, често бих понављао.

Па, и престао, да понављам. Као да сам био изгубио, не знам какву, али неку другу наду.

И у дану једне равноденвице, у тренутку неког чудног затишја, када је и она недоумица о часовничару морала бити већ ишчезла, у оном часу појаве, неочекиване колико и необјашњиве, лабуда у градском парку, она се вратила. Био је ту негде и часовничар, све је међутим говорило да је она без њега.

Онај лабуд је пронашао пут до вештачког језера на самом ободу града. Он, лабуд, због ње или она због њега. То је тако мало важно. Али ово. У смирај летњих вечери њен зажарен поглед пламти као одсјај последњих сунчевих зрака на површини воде. Њена пружена рука спремна је да клизне трагом његове несамерљиве дужине. Лабуд скреће путању ка безбедној даљини. Њена рука га дозива. Он наставља да плови, као да га вода носи, узела га је та вода, само је њен. Њена рука је над водом, ту, пред њом, која је нека друга вода, чини се. И она је посипа. Из руку јој ништа не испада, а вода гута. Зрневље времена, то ја кажем заклоњен иза дрвета. И питам се храни ли то она лабуда, који ће се, знам, вратити, кад мене не буде.

Прозвао сам је лабудовим вратом. Оним што јој је недостајало. Онда, сада не.

Можда сам и ја постао неки други. То би могао знати неко ко би мене уходио.

Часовничар у сваком случају не бих могао бити. Било је и време да јој кажем да то нисам. Како се време мења! А о тој особини, времена, најмање сам досад мислио. Све, ипак, није тако једноставно. Могао бих бити погрешно схваћен. Ја нисам часовничар, али тачност, а шта је она него са́мо време, његов ход, а овај и његово суштаство, врлина је моја. Поносан сам на њу. Рекох, без ње не бих могао, а било би боље када бих само о њој, овој другој, размишљао. Која хоће да буде дуговрата.

Ето, једну је крајност, она, заменила другом.

Погледајмо је како хода. Тражим ли ја то сведока? Извукла је врат из рамена, надвисила себе, из потуљености (нека ми Бог опрости) куда се винула, докле јој сада поглед допире. А мисли тумарају, којим пространствима.

Одлучујем.

Са собом ипак треба раскрстити. Јеси или ниси. Сада или никад. Ништа је после свега. А пре њега је... Можда све. И зато. Једним путем.

Кроз тунел последњег слова.

Ω

ДВОСТРУКИ ЖИВОТ

Убио је своју жену, а њега поштедео.

Није много прошло да би се уверио како је починио грешку. И жену је требало поштедети.

Па, наравно, рећи ће многи.

А он се осведочио да се кртичњаци у варошком гробљу надимају као уздахтале груди. Растрошена земља прелива се као тесто подивљалог меса преко укротитељеве, и саме несмирене, руке.

Покојнице хоће да догледају хумке мушких гробова, то је лако закључити утврди ли се положај кртичњака. Траже оне свеже, око којих се стидни мириси још вију, а ни пред оним поравнатим, ко зна кад попрсканих водом са лишћа сувог босиока, не узмичу погледом.

Порочност је вечна искра живота, сва друга обећања су лажна, и пред таквом неумитношћу морамо устукнути или јој се са радошћу предати. Тако он сада каже.

Избор пред који друге ставља није и његова недоумица. Он узмиче и зна зашто то чини. Корак уназад је повратак заблуделог на стазу врлине.

Покајање због почињеног злочина над женом која већ није била његова никада га раније не би могло испунити тако блаженим задовољством. Па ипак би и то, до сада непознато осећање, положио на олтар њеног спасења.

Да ли га нешто у томе спречава?

Само то проклето сазнање о двоструком животу кртице (*Talpa Europea*), чијем је проучавању с љубављу посветио дуге године свога живота.

ОДБРАНА MADAM BOUISSON

Позната телепаткиња, *madam Bouisson,* написала је у својим мемоарима: „Када би моје кћерке заспале, често бих водила евиденцију о расходима у домаћинству и рачунала до касно у ноћ. Али шта користи најбрижљивије прорачунати буџет када га сваке недеље поремети нешто непредвидиво.“

„Колико истинито и људски!“, каже извесни *James Randi* у спису насловљеном као монографија о личности и лажним успесима телепаткиње *madam Bouisson,* да би наставио овим речима: „И то пише жена која је стекла славу проричући људима добитке у привредном животу, на лутрији, срећне дане за предузимање политичких подухвата и слично.“

О истини ће сама *madam Bouisson* рећи следеће: „Је ли превара лаж?

А шта је лаж? Зар је само жеља покренута нечасном намером да се уверења поколебају, представе изокрену, мисли наведу на други ток, наклоности задобију, ниске страсти подстакну, сујета распламса, страх преобрази у кап отрова?

Зар се у њој не одсликава наше умеће да најподлије оружје искујемо безазленом речи и умирујућом поруком?

Сме ли се њено лице које забринути родитељи показују деци као предворје свих порока, успут им уврнувши уво поуке ради, сматрати само њеним ружним наличјем?

Ако мене питате... Ја не знам шта је истина.“

А о људскости? Шта је о човечном поступању рекла *madam Bouisson?*

Ако је из нама не посве јасних разлога *madam Bouisson* изоставила из својих мемоара текст означен као савет да се сопственим животом не треба коцкати, ми ћемо га обелоданити у нескривеној намери да злуради смешак на лицу њених непријатеља изобличимо у гримасу очаја.

(Савет је био исписан брижљивим рукописом, али немарно прикачен за последњу страницу рукописа и са уочљивим траговима вишеструког пресавијања папира, што ипак сведочи о колебљивим намерама које су пратиле његову судбину до последње редакције мемоара).

сопственим животом
не треба се коцкати

„Ја ћу се коцкати, али не својим животом", рекао је мој поштовани супруг, *M. Bouisson,* излазећи из слупаног аутомобила. Нашавши се и сама на безбедној удаљености, маниром искусне жене-полицајца затражила сам му возачку дозволу. Пружио ми је беспоговорно. Прихватила сам је немарно, сигурна да плен остаје у мојим рукама, да бих потом у некој неодлучности дуго прелазила јагодицама преко њених искрзаних ивица, стрепећи да на њима не остане мој крвави траг. Тек ме је његово премештање с једне на другу ногу и пуцкетање гранчица или, можда, шушкетање ветром узнемиреног лишћа у јарку вратило фотографији. Руке ми нису задрхтале, остале су онако савијене у лактовима, а фотографија, заједно са своје две нитне и њиховим окцима, почела је да бежи од мојих очију и да им се увећана враћа. Та узнемирујућа игра фотографије могла је бити и подстицајна, а ипак ме је држала у некој обамрлости. Била је то она загледаност у којој осим неразазнатих обриса ништа не примећујемо. Утолико је било неочекивано да у једном тренутку кажем – то је он – обасјана сазнањем да сам препознала сва његова лица, прошла и будућа, у једном. Онда сам поглед бојажљиво пренела на њега. Страх у његовим очима, не више од претрпљеног удеса, схватила сам, био је толики да је сличност његовог лика са оним на фотографији била тек само случена. Његове очи као да нису биле његове. А оне на фотографији, њима сам се опет вратила, ма колико неухватљиве у свом ритмичном приближавању и одмицању од мог лица, биле су онакве какве су увек његове очи, оне које сам познавала, не и ове, у часу о коме говорим; у преливима својих боја скривале су његову колебљивост. Али сада као да су ми нудуле свој вид, саме загледане тамо где само ја могу да завирим. И нисам оклевала. Отиснула сам се са њима у безмерје времена, да бих се убрзо обрела у данима ближим овом часу, да ли плашећи се онога што би нас могло задесити у времену наших одмаклих година и пуне зрелости наших још неодраслих кћери *Anabel* и *Izabel*. Одбацила сам позиве лажних предсказања и суочила се са приказањем мога супруга, *M. Bouissona;* у три слике. Прва. Из његових уста пири топли дах на испружени длан. Са длана узлећу кругови жетона. Тањирасти, пењу се до неба и печатају га. Умножени месеци дуго остају на небу. Друга. Он зажмури и ослушне. Ништа не зазвечи. Тренутак неизвесности. Не, ништа. Трећа слика. Над главом му се вије облачак. Кроз мали отвор на облачку капље светлост. Он је купи по путу којим хода и трпа је у џепове. Она истиче из препуњених џепова и клупча се по тлу као живина кап. Он се не осврће, за леђима руком кришом просипа прегршти мрака. Све је било јасно: мали губитник за коцкарским столом, добитник у игри живота. И тек са тим открићем, у тренутку мога повратка са пута у будућност његовим очима са фотографије, његове живе очи вратиле су се очима са фотографије, и он је поново био свој. Озарена, схватила сам да је то знак да га у намери да се врати коцкарском столу могу одлучно подржати не друкчије већ замишљајући себе као крупијеа у коцкарници монденског летовалишта.“

Не треба сумњати да је било недеља када је букет породице *Bouisson* реметила променљива срећа господина *Bouissona* за коцкарским столом. Али да се коцкао својим животом, како није желела *madam Bouisson,* његова родитељска рука можда и не би, свих ових година у позно доба ноћи или у раном јутарњем сату, брижно прелазила преко заспалих глава њихових кћери *Anabel* и *Izabel*.

Немирни сан господина *Bouissona,* са покојим уздахом у привиђању добитака, могао је бити ноћна мо̂ра *madam Bouisson* које се она ослобађала записујући на више места и са привидном лакоћом: „Макар и немирним сном, али не у вечни“. То нас, међутим, уводи у њен следећи савет који је у кругу поменутог *James Randia* протуран као рукопис непознатог покојника и при најбољем здрављу *madam Bouisson*.

све чинити а једно
кад
ништа не помаже

„У божју помоћ увек се уздати; на редослед је упозоравати; клетвама (увек има оних који их заслужују) јој угађати; њен тријумф над другима прослављати (разлози који вас оправдавају нису измишљени); наду у њену пробирљивост не полагати; незбринутим породом кушати њену болећивост (није позната, али за сваки случај); онеспокојавати је гласом, уздахом, јеком, виком, а не стидети се ни другог гласа из тела; себе са сваког списка скидати; одбијати је од себе топлим сунцем, плаветном водом, прозрачним ваздухом; трпљењем јој упорност сламати; спасење од ње тражити (ризик у овом случају сами сносите); под њеним дахом се умртвити (на себе неће ударити); не саблажњавати је једрином и белом пути; не мењати свој бол за њен спокој; панцир навлачити, шлем на главу натицати; добошем јој близину не оглашавати (уме да галопира); од свега заразног само се смеху подавати; атаковати на њу пилулама и прашковима, а ако је неизбежно и скалпелом; из мртвих устајати (ако је веровати да се може); сопствену руку на себи не опробавати; спасавати се хитрим ногама, не јуначити истуреним грудима; њој пркосне јој потказивати (можда није грех); пут муње избегавати.

И остало чега се сетите.

А ако све то не помаже, треба изљубити ближње.“

Madam Bouisson није, на нашу срећу, последњи пут изљубила своје ближње. Не знамо у којој мери се користила сопственим саветима, али по признању више пута поновљеном, она никада ништа није чинила, све се чинило само по себи. Ризикујемо ли да ћемо је погрешно схватити ако кажемо да и њена прорицања нису била њена, већ само изговорена кроз њу, па да стога и није могло бити њене кривице ако су она била лажна? Можда ћемо се решити недоумице ако свратимо пажњу на њене речи

о
лицу или наличју

„Постала је оно за чим је увек чезнула у својој тежњи за савршенством. Вечити прогнаник устоличен је за краља најсмелијих надања. Потуцало од немила до недрага у улози је кључара најтајновитијих кутака наше душе. Срозаван до ништави-

36

ла, њен дух преобраћен је у чувара драгоцености јединствених по томе што само за нас имају вредност.

Порекните да сте икада уживали у њеној слаткој покорности. Добро, не морате.

Јесмо ли говорили о лажи или о самообмани?“

Нека нам буде допуштено да у својој наклоности према *madam Bouisson* сматрамо да је она ипак говорила о самообмани.

„Колико истинито и људски!“, можемо ли рећи попут подсмешљивог *J. Randia,* али са искреним уверењем да *madam Bouisson* својим прорицањем није ништа више желела доли слатку покорност својих клијената заводљивој краљици најсмелијих надања. Ако је при томе била спремна да и недужна прими на себе њихов грех, наше дивљење према њој мора бити веће, можда највеће.

Зар она није откивала нитне наше закопчаности, оне које нас у сопствене сужње претварају, не би ли само окца на њима прогледала?

Истину говоримо да би нас њен друкчији наум преобразио у њене неподмитљиве тужиоце.

Да наша претња не би била неуверљива јамчимо да бисмо је у том случају извели пред јаросно лице поменутог *Jamesa Randia,* писца монографије о њој, и њеним, како је рекао, лажним успесима, одлучног да јој никада не опрости сопствену неопрезност, чијом кривицом (заслугом, ако хоћемо да му се подсмехнемо) је њене непорециве успехе назвао лажним, дакле непостојећим, уместо да их означи као незаслужене, што му је по свему судећи било у намери.

НЕПАТВОРЕНИ

Она је непредвидива, а ја углавном посрамљен и онемео.

Када ме има таквог, мува несметано улеће у њен сан.

А када се мува нађе тамо, зуји као и око моје главе. Не прође дуго, колико да се ослушне, мува зазуји једном кратко и два пута дуго, баш како је заповеђено намерницима пред вратима. Она тада мора да упита: „Ко је?“

„Ја, госпођо“, чује се како се неко одазива.

„О, Боже! Колико њих, толико – ја. Како знати чије је то – ја!“, тужи се, али онако сањива жури ка вратима.

Протрља очи и продене поглед кроз шпијунку.

У ходнику виси паучина.

Скида ланац и опрезно отвара врата. Протура главу, па се извлачи, долази до ограде степеништа. И нагиње се...

Зна да степеништем одјекују кораци, ма где нога ступала, па и у приземљу.

Ништа не чује.

„Отишао је“, закључује.

А онда јој се усне одлепљују, показује јој се сваки зуб и мрачно ждрело. Степениште почиње у ковитлац да врти: „Мувосерина, мувосерина, мувосерина.“

„Нека зна шта је, кад је тако ишчезао“, пљуне из сувих уста и залелуја паучину над главом.

„Сваком по заслузи“, оштри дланове.

У стан улази са олакшањем.

„Али, шта ако је био мухоловац“, застаје у пола корака. „Могао је бити притајен иза стуба, и тамо чекао...“

„Па, наравно да је био“, кажем јој.

Ја знам да ће се он вратити и предлажем јој да други пут препусти мени: увођење мухоловца у наш стан.

Очи су јој склопљене. Под капцима јој слутим недоумицу.

„А јесу ли уска или широка врата што воде у сан?“, пита као да то не чини први пут.

Образи и зној на челу одају мој стид.

(Разлог своје посрамљености открићу много година касније, када сазнајем за библијску поруку да су уска врата и тесан пут што воде у живот и да је мало оних који га налазе. А да је сан, па и њен, сâм живот, никада нисам сумњао.)

Најѐдном поче да се јада: „Сврховитост сваког мог питања губи се у обеспокојавајућој одсутности одговора о броју децибела. Извор буке је дирљиво неприступачан.“

На памети ми је био прекор: „Немој тако!“, али сам занемео.

(Лет муве нас је бешумно опасивао. Тишина у којој је она могла да каже: нас двоје, мувосерине.)

НЕНАЈАВЉЕНИ

Небо је у модрицама. Снажним ветром хлади крвне подливе. Од тога му није лакше. Увија се од бола и сузе само што му не лину.

Он кабаницу није носио, а ни кишобран му није пристајао.

Ко је он?

Побуњеник против ћуди времена? Заостали ходочасник? Стрелац на противградном топу? Плантажер јужног воћа распамећен пред олујним ветром? Сладострасник намеран да под даждом спере љагу са образа? Можда прогностичар аматер? Само ветропир?

Представио се као Св. Илија.

А ми смо се надали Петру, другару нашем који је умео шатор да разапне.

Ненајављени увек тако груну. Као гром из ведра неба.

Погледали смо у небо. Ниједног облачка више није било над нашим главама.

СЛУШАОЦИ,
ВАРИЈАЦИЈА НА ТЕМУ

Човек изгуби своју мисао. У потрази за њом привуче себи микрофон, помери боцу минералне воде са именом једног књаза, обухвати чашу руком, и... рече: гле.

А мир воде у чаши се помутио.

Мехурићи су се по рубу плели у венац; хватали се у ратоборно коло; опак план смишљали; из средине искакали и севали сребрнастим клобуцима; били уста разљућених риба; нападали ваздух, влажили га, хватали га у замку тешког назеба; прасак и шум слали; избијали невидљив чеп.

Човек се запита да ли је чаша изнета из мора запенушаног поморском битком. У недоумици пређе погледом преко слушалаца. Њихова равнодушна лица, уснула чак, натераше га да упита: „Зар нам није суђено, господо, да никада и никога више не испијемо са мало воде у чаши?“

„Јесте, тако нам је суђено“, придружи му се један глас.

Лица присутних се зајапурише, руке подигоше, ноге почеше да стружу под, тела поскочише, зашкрипаше столице, гласови се ускомешаше.

„Зар сам то рекао?“, гласно се упита говорник и још се шаком лупи по челу. Онај, који им се беше придружио, рече да ни сам не зна шта је говорио, а не би се противио и да њему самом буде суђено.

Из првог реда најжустрији прискочи микрофону, дуну у њега: „Проклетство!“, затим стеже голуждрави врат микрофона, учини се да га до сопственог хропца неће пустити из руку.

Човеку пред микрофоном неочекивано пређе преко лица сјај радости, он је изгубљену мисао напокон пронашао, или му се она сама вратила, суочење са њом, међутим, снужди га и он завапи: „Ја, господо, заправо и не знам да ли је могуће вратити у боцу дух једног књаза.“

Пред тим признањем слушаоци опростише човеку пред микрофоном узгредну мисао, да ли задуго, показаће њихов поновни сусрет, саме подвојене улоге, онога који говори и оних који слушају, случај чине сложеним, наша немоћ пред њим већа је од недоумице пред загонетком тегобно пронађене мисли.

КАРАКТЕР (?)

Она може да плаче у свако време. Па, ипак, радије то чини у невреме. Од радости када су други у жалости, од жалости када је другима до радости. Плаче и од зависти, пакости, једа. Сузама влажи, кваси, залива. Плаче по цео дан или колико да ушмркне. Оплакује и заплакује. Сузе утапа у марамицу, спроводи их прстом или их пушта да слободно теку. Ако их гута, чини то као са капима росе. Наравно да јој очи нису сузне. Да јесу, на ветру би се показало. Усамљена је у плакању кад због себе плаче. То јој се увек деси, а онда још више плаче због тога што се то десило. Сузе радоснице су јој за личну употребу. За друге има других плакања. Тада и најбрже трепће, па јој се сузе уситне, као кишица. Крупну сузу задржава за прилику када треба да је излије. Ону једну, коју пљусне; као змија отров у очи. За пакост има шкрту сузу, сакрива је испод капка. Она плаче и од плакања. А смех се и из суза може искрасти, па зашто се она не би могла и насмејати. „Боже, ја се смејем", каже тада и брише сузе. Али сузе су већ просуте и она мора и над њима да плаче.

То нису знали само они који на излозима цвећарских радњи вешају натпис ПРАВИМО СУЗЕ.

Цвећарске радње су последње место где ћете нешто сазнати о ономе што је без боје и мириса.

Немојте се стога чудити ако нас видите како кроз бистру воду тражимо дно, нити помислити да ћемо тамо наћи њу, плачљиву.

Њу ће после много година ископати у руднику соли, још увек неутешну што није могла да се уврсти у списак карактера *Elijasa Kanetija,* нашег познаника.

ЗНАЊЕ О ЗНАЊУ

О вештицама уопште узев мало знамо. Зашто, на пример, узјахују метлу. Метла је далеко од тога да буде најпогодније средство за летење. Онда колико и сада. Можда би се одговор могао тражити у њиховом опкорачивању дршке, тог фалусоидног дела метле, и чврстом придржавању за њега. Ко зна! Извесно је да у доступној литератури одговор нећемо наћи. Неко ће рећи да је у питању њихов страх од летења. Али ко их тера на летење. О принуди такве врсте ништа нисмо чули. Не треба искључити ни унутрашње импулсе, мада у таквом трагању за мотивима њиховог узлетања западамо у тешкоћу објашњавања непознатог. Устројство њиховог психичког живота може бити рукопис уплетен у самог себе. А његово одгонетање опасност залажења у тамне ходнике лавиринта, у бољем случају упловљавање у меандре неке од највећих река. Најприближнији смо, ипак, мишљењу да су оне, са својим реквизитаријумом и његовом употребом, објашњиве једино у својој неизбежности, у узрочно последичном ланцу који и нас саме окива (или опасује). Признајем да нас оваква тврдња излаже тешкоћама посебне врсте. Никада не можемо знати када су претходница а када следбеник. Свака од ових улога има свој привид. Присећам се једног случаја. Било је довољно да узвикнем: *Мравојед!* Пре него што објасним зашто се то десило суочимо се са призором. Чело колоне, оне што се као прут пружила до мојих ногу, али и претходница надирућег мноштва из другог правца, доспела већ до гвоздене ноге кревета, једно чело и једна претходница, дакле, пропели су се. Па су се мрави у оштром заокрету, од којег можебити прскају пршљенови кичмењака, сувраћали и претварали у густу кишу живих тела. Несналажљиве јединке, спадајући с леђа која су им се невољно подметала, забијале су се између вунених влакана. Оне друге, не губећи наду, грабиле су у правцу врата хватајући и по два чвора, распетљавајући се без сувишних покрета из мноштва ножица. При том су вретенасте женке биле умешније у проналажењу пута, можда и због двоструког струка који им је допуштао да се по вољи избоче, мало по страни или више уназад. Чему су се све надале, кад би се избочиле, оне, мравице, могло се само нагађати. А јесу остајале без крила, што су их на леђима носиле. И бежале, бежале. Док их затичемо у таквом стању у овом оживљеном призору присетимо се мог узвика (Мравојед!). А све се то дешавало, и моја објава опасности и њихова констернација, после оног часа у коме је вештица узјахала метлу. Не, рећи ћете ви, то није истина. Тој страшној пометњи претходила је ваша, то јест моја, претња мравоједом. Само она. И то је цела истина. У остало нећемо да верујемо, додајете. Јесте, потврђујем, и истовремено питам шта ме је присилило на ту застрашујућу обману. Поколебани, ви ћете допустити могућност да ме је одсуство метле, тог поузданог приручног средства, са лица места, могло навести на грех. Који ви нећете опростити. Уважавам. И нека будем жртва ваших моралних начела. Али застанимо, господо. Ви и не морате улазити у разлоге због којих се метла није могла наћи тамо где би јој могло бити место. Међутим, онај који започиње разговор о вештицама тврдњом да о њима мало знамо, не може бити спречен да један

поуздани податак, нећете рећи да је и он под сум-
њом, угради у темељ знања о њима. Изволите, ко
вам брани, сада се малодушно предајете. И то је
оно на чему вам се мора замерити. Губите наду да
сте на прагу једног знања када су се знања о толи-
ким знањима показала погрешним. Укључујући и
она... Али ви их знате.

DE MORTUIS

О мртвима све најбоље. Упозорење се односи на оне који о покојнику мисле све најгоре. Друге не треба опомињати, они само треба да кажу шта мисле. Мени није потребно да два пута чујем. Случајно, ово сам и прочитао. Последњи пут на латинском. *De mortuis nihil nisi bene.* Поступио сам у складу са предоченим.

Када је Исидора умрла одмах се знало ко ће се у наше име опростити од ње, али не и чијим речима. Тебе смо одредили, рекли су ми када се више није могло одлагати. Ја каткад погрешно разумем. Довољно је ако напишем посмртно слово, рекао сам, ви знате колико сам је мрзео, до уништења и непомена, знате да је и она то знала, а знате и да је нисам без разлога мрзео. Од тебе више и не тражимо од посмртног слова, а што се тиче мржње о њој је бар у начелу скоро све познато; договорили смо се, дакле. Исидора не може да чека више од два сата, укупно. Наша сатница мора да буде уклопљена у њену, теби, рекли су ми, не остаје више од пола сата. Лепе речи за вечни живот не траже више времена, одговорио сам спремно. Исидорина смрт, као и свака друга хладна је, још хладнија у хладном зимском дану. Скочањене прсте који хоће да исписују топле речи о хладној смрти морала је да греје грејалица, укључена на свој трећи степен (поређења, зашто не). У уговорени час, а био је петак, последњи радни дан у седмици, на чијем истеку сви хрлимо некуда, како је коме дато, хвала Богу, одлепршали су (они) са мојим посмртним словом. Недоумица да ли је оно, посмртно слово, моје или Исидорино, држала ме је (од петка) до понедељка. У понедељак сам ушао у гробницу. Мало сам оклевао пред очађавелим вратима, а онда у сусрет својој судбини... Office, у коме су исписне најбоље речи о најбољем мртвом (сви мртви су истога рода) била је тамнија од сваке ноћи, не само овог већ и подземног света. Белило дана остављало је траг једино у стопама једног пара мишјих ногу, моје непослате претходнице. Грејалица скврчена у недогорелу гужву чекала је на своју осуду. Безразложно. Уистину безразложно. Она је само димила, димила и димила. А да је букнула пламеном оставила би згариште уместо гробнице.

Да ли је Исидору требало сахранити ту, у моме office-u, месту њене освете? Не знам шта о томе мисле они који кажу да о мртвима треба говорити све најбоље.

У ТРАГАЊУ
ЗА ИЗГУБЉЕНОМ ЛИЛИ

СОКРАТ: Сасвим јасно, Театјете; а из досадашњег нашег излагања произлази да је слог некакав лик јединствен и недељив.
ТЕАТЈЕТ: Тако изгледа.

Сократ. Дијалози (205 а–е)

Помислих да сам упознао себе и устрчах до последњег спрата, до поткровља, потом; застадох, па крочих у собу, затворених очију, са осмехом, уздржаним; кад отворих очи видех њих, узмуване, оквашених образа, али нисам рекао да сам дошао, могао сам да кажем: Лили, ја сам дошао, то, или само: дошао сам, видите да сам дошао, био сам и одлучио, на неком од спратова, пењући се, да кажем: Лили, ево ме, најзад, после свега, у ствари, ја знам ко сам, сада, препорођен долазим, и то, хеј, таквом се ниси надала; учинио бих то, извукао сам се из самога себе, вратом, огољеним својим вратом, њиме сам се показао; хоће ли њен глас бити, питао сам се, ромор лишћа над виром, само шум воде, прелет поветарца преко мога ватром обузетог лица, а можда ће она друкчије, друкчије вриснути, цикнути, севнути, али неко је, као да из облака излази, иако га није било, тог облака, узвикнуо: ко је овај, откуда он, зашто он, и, потражимо га у списку ожалошћених, рекао је; загледали су посмртну листу, на светло је износили, очима приносили, ишли прстима по исписаним редовима, трептајима истискивали сузе из очију, тако се боље види, мрмљали, ко сам ја хтели су да знају, као да је и мени то дошло само по себи, да знам ко сам; очима су разговарали, одлазили и враћали се, на уво један другоме шапутали; зашто они нису знали моје име, које није морало бити на

списку ожалошћених, питао сам се, ниједан спи-
сак није потпун, увек се може дописати, па ипак,
може бити грешка, не кривица, кривица је нешто
друго, а грешка је мање и од греха, који се, знамо,
опрашта; зашто су ме онда појурили, не, на врата
показали; она изводе, низ степенице се може стр-
чати, са поткровља, а доле, скривен иза крила гво-
здених врата, на прагу подрума, слушао сам како
неко, изнад моје главе, кроз отвор степеништа,
говори да не зна ко сам, али зна, он зна, да сам
био међу њима, говорио је; чуо сам шкрипу врата,
и окретање кључа у брави; прозоре ће затворити,
и њих, опкладио сам се са собом, па сам изашао
на улицу, искрао се из сенке, опрезно, за сваки
случај, претрчао на другу страну, наочарима, та-
мним, штитио очи, од сунца, пре свега, а стуб, још
необлепљен, заклонио ме је, колико је трајао про-
лазак црних кола, завесице на прозорчићима још
нису биле навучене; стуб сам заобишао, већ сам
био везао, у чвор свог памћења, конопце за суше-
ње веша на балконима испод поткровља; прешао
сам и следећу улицу, а конопци на балконима су
се њихали, без веша, све остало на тој згради са
поткровљем било је непомично; кров је притискао,
изгубљен у облацима, а можда није ништа прити-
скао, тако се само чинило; зграда је имала спра-
тове, и поткровље је имала, ништа није било из-
губљено, све ће остати како је било, помислио сам,
ни киша неће спрати боју са зидова, маховина ће,
а можда и неће облепити зидове; нека и ветар за-
сипа прозоре, прашином, биће запрљани, поглед
замућен, онај кроз прозоре, а са улице, са ње ће
гледати онај који је био у поткровљу, у оној соби,
зваће се тај именом које није било записано у
посмртној листи, крштен по други пут не може
бити, и викаће, макар га нико не чуо: ја трагам за
својом Лили, отишла је једна Лили, она што је
први слог имена Лили, слог, тај први, праћен сво-

јом сенком, што се губи у помрачењу сунца и под крилом облака, а слог у пратњи своје сенке, Сократе, душе ми, причина је само; остао је други слог, моја Лили; ако пустим глас од себе, прозборим: Ли, њено име у пола свога даха, дозваћу њу, своју Лили, слог у дружби његовог еха; али, чекај, Зевса ти, каже Сократ, зар се не сложисмо у неколико махова да богови дају она имена која су од природе, и не рече ли тај исти Сократ, о моја Лили, да је глас који нам излази кроз уста један а опет тако бескрајан код свих и код сваког појединачно.

НЕМИЛОСТ ЛУДИХ ОД ПРАВДЕ

До врата је праћен меким ходом црне мачке. Није се освртао иако је на потиљку осећао светлећи поглед. То је добар знак, помисли пре него што закуца; мрак је (у ходнику).

Ми занемарујемо његов оптимизам јер знамо да ће се у скрушеност преобразити.

„Грешник сам пред вама, госпођо.“

„Унапред се ништа не може знати.“

„Ако ми допустите да молим, бићу вам захвалан.“

„У мојој кући гост не може бити на коленима. Пре ћу сама пасти пред њим. То ми је последња слабост, све друге сам победила. Али у то се можете уверити само ако уђете. Изволите, без бојазни, из овог мрака кренућемо кроз старудије мога дома. Овде је прошлост. У њој ствари дишу као створови и из њих избија дах времена. Немојте се чудити, време живи. О, када оно не би умирало, шта би било са нама. Молим? Зло, драги пријатељу. Вечни живот био би највећа несрећа. Али оставимо то. Овуда... и доспели смо. Саксије са цвећем су моја добродошлица госту. Видим две осе, мислим да оне немају ништа против вас. Седите. Ово је била столица мога мужа. Њега нема, али она га чека толике године.“

Пред изненадним наговештајем приче о верности потискујемо зловољу у себи, само тако можемо се у неверици чудити.

53

„Та плетена столица као љубавница му се подавала. Када би своје тело подизао са ње дозивала га је гласом напуштеног мачета.“

Искушење да га посадимо на столицу превелико је, али он му одолева гестом учтивости.

„Госпођо, ја вам се нисам представио.“

Заслужио је да га у дијалогу њој препустимо, ако то може бити наша освета.

„Не разумем ту људску журбу. Човек се на крају покаже. Ја се веома бојим свега што се у међувремену догађа. Али ви својим изгледом не одајете опасног човека. Можда сте некада такви и били, ко ће то знати, у сваком је неки ђаво био; сада, сада сте као анђео божји. То вам је на челу записано.“

„Бојим се неспоразума, госпођо.“

„Ја... не. Будите спокојни.“

„Али, ја сам... дошао.“

„Журите се?“

„О, не.“

„Нестрпљиви сте?“

„Па, могло би се рећи. Али разлог је неуобичајен. Ви нисте могли да претпоставите...“

„У моме животу све је долазило само по себи, али онако како сам желела.“

„А мој живот је био са́мо чекање.“

„Награда вам је старост. Утеха да сте многе отпратили.“

„Не верујем, госпођо, да би се ико међу онима који су заувек отишли заменио са мном.“

„Не заричите се. Свака одлука има судбину о којој ништа не можемо знати.“

„Каже се да несрећа зближује. Можда сте и ви нешто слично мени доживели?“

„А, не. Подсећам вас да сам све слабости победила. Осим према госту, не рекох ли то.“

„Усуђујем се да кажем да ћете зажалити због свог милосрђа када сазнате разлог моје посете.“

„Ја само жалим због ваше неодлучности, драги пријатељу. И не губим наду.“

„Опростите. Моје тело је усахнуло, а неправда са којом сам живео бокорила се као ово цвеће пред нама, нека ми оно само не замери на поређењу. Осећам да ћа ме оно надживети, а дотле, као и све друго, чинити непотребним.“

„Зар неправди треба да захвалим што је дошао онај кога сам чекала.“

„Ви сте се надали мени?“

„Знала сам да ћете доћи.“

„Ја сам замењен са неким. Није могуће да сте ме препознали.“

„Мене памћење није издало. Удовице живе у прошлости. Ја сам онога дана имала... Он је био млађи од вас годину дана, не више, рачунамо ли до дана његове смрти. Дан, уторак, годину реците ви. Сваку следећу сте бројали.“

„Ви сте, госпођо, носили црнину, као и сад.“

„Желели сте да ме видите окићену цвећем?“

„Обнављам успомену на вас у првом реду на левој галерији и питам се зашто сте били тамо. Место вам је било у партеру, издвојили сте се од родбине. С каквом намером?“

„Прећутали сте моје питање о цвећу.“

„Не љутите се, нисам хтео да га чујем.“

„О галерији сте питали. Хоћете ли бити задовољни одговором када вам кажем да је с висине све друкчије.“

„Ваш поглед нисам могао да задржим на трепавицама.“

„А судијин?“

„Његов сам одбијао као да је на штит падао.“

„Био је тамо и тужилац.“

„Као пас за просјаком је лајао.“

„А сведоци?“

„Њих је било, али не и мојих клетви. Нису их били достојни.“

„Невини сте, дакле?“

„Да.“

„Патња таквог мора бити сâм дар неба.“

„Није она довољна, госпођо.“

„Дужници вам сан кваре?“

„Опроштено је онима који су то били. Не постоје више ни они.“

„Нема ваших дужника, нема ни мога мужа. Обострани губитак. Је ли нешто, ипак, остало?“

„Да вас уверим у своју невиност.“

„Дошли сте да молите. Тако сте рекли. Наједном показујете нестрпљивост онога ко заповеда.“

„Без своје воље нашли сте се, госпођо, у улози иследника. Можда је то и неизбежно пред оним који долази с друге стране браве.“

„Ви умете и да протестујете.“

„Хоћу само да верујете да нисам убица вашег мужа.“

„Да, то сам чула.“

„То је све, госпођо.“

„Зар је моја реч пресудна? Отклања судску заблуду и све њене последице?“

„Не реч. Ваше уверење. Супруга је... треба ли то објашњавати.“

„Какве ми доказе можете предочити ако већ пристајем да верујем у судску заблуду, у вашу невиност, ако је потребно...“

„Двадесет година робије убија сваку лаж. Ако се то и не деси она није више кадра да умири савест, бескорисна је, дакле.“

„То је убедљиво.“

„Светло овога дана обасјавало ме је у тамници. Молио сам се за ваш живот. И за свој до овог тренутка. Отклањао сам све што је могло осујетити мој долазак к вама.“

„Сама сам се чудила свом добром здрављу. Више нећу...“

„Ово је дан последњих чуђења.“

„Чијих?“

„Ваших, госпођо. Моја су се у стрепњу и страх преобразила.“

„Зар?“

„У један страх и једну стрепњу.“

„Ах, да. Чекате моју реч. А ја нисам никада желела да казујем последњу. Волела сам да други греше. Али та ваша упорност. Сад или никад. То је нож под мојим грлом. Замислите ту слику. Неопрезан покрет, крв шикља, млаз се као лепеза развија, шкропи по стварима.“

Чему сада крв? Као йодсећање, можда, на смрш њеног мужа. Или је шо увод у објашњење? Њена завршна реч?

„А вас, зар вас нисам одувек познавала. И то је била несрећа мога мужа. За мене мртав, није ни морао бити убијен. Ако се то, ипак, десило, случај је без виновника и недужних.“

Тада смо зачули глас найуштеног мачеша, са сшруна йлешене сшолице.

А он је само рекао: „Моја нема уста ће о свему говорити.“

Ми, л(љ)уди од йравде, никада га нећемо йомиловаши. Можемо га само наградиши чезнушљивим йогледима, који ће му долазиши са йрозора, иза завесе која се сшидљиво йомера и после дуго њише йод узбурканим дахом.

Имамо шолико сшрйљења да га ошйрашимо йогледом. Ако се не осврне за собом, ни сјајем ока не домаши ону која је рођена са њим у себи, шешко да је и робије могао биши вредан.

О СМЕХУ, УЗГРЕД О ПЛАКАЊУ

Смејати се у лице исто је што и пљунути у исту мету.

Не заборавите да и други имају смех.

Али, чији је ваш смех? Најбоље је да не остане ваш. Зато треба имати некога ко ће га присвојити. Ако на то није спреман, нека прими предају без даљих обавеза. И то је некада довољно.

Како уопште избећи опасност од смеха? Обострану, будимо правични (под скут и оног другог). И не бринути.

Прснули сте, рецимо, у смех. Можда само развукли уста у осмех. Или опустили усне. У свaком случају, чује се или види. Нико не може истовремено бити и глув и слеп да би порекао ваш смех. Смех, који има право да буде какав хоће, не само због описа.

Онај који вам долази у сусрет осврће се за собом, гледа лево и десно. Врева је, а он је у њој сâм (она која је уз њега део је његов). Тако каже ваш смех, да је он сâм. Он ипак проверава говор вашег смеха. Смех ће морати да му потврди, или порекне, да се њему смејете.

А и ви сте сами колико и овај, вама све ближи. И ви имате њу, која је ваш део. Поглед вам, искошен углавном, пада на њено лице.

Неми посматрач, има га у свакој вреви, сведок је вашег смеха, који не престаје. Он слути узбуђење у часу мимохода. Ако не и страх. Јер тргао се од пуцња, рафалне паљбе у мету ваших бубних опни.

Зуби онога који поред вас пролази испадају као ча-
уре и само их скровиште усана држи на окупу.

Ваш доживљај је друкчији. Ви видите како аси-
метрија лица одвлачи страну устију човека који
ће се о вас очешати, до његовог ува. У недоумици
сте ипак да тегови климавог корака не вуку с обе
стране углова његових усана. Зашто, питате се.
Јесте ли му нешто скривили. Нехотице се наруга-
ли? Окрзнули погледом тек колико да изазовете
недоумицу у њему? Одбацили га у страну, што да-
ље од себе, тежином свог погледа? Или га само
заобишли, у немару, погледом? Нисте. Никаквом
неподопштином нисте себе обележили пред њим.
Јер он за вас постоји, је ли тако, колико ветар из
описа мећаве, песак из пешчаног сата.

Он, међутим, не престаје да се смеје. Шта вама
преостаје него да попут њега, малочас, гледате
иза себе, лево и десно. И закључите да се никоме,
осим вама, није могао смејати.

А шта је он доконао? Зар није проверавао го-
вор вашег смеха? Не би ли му потврдио или поре-
као да му се смејете. Потврдио, дакако, зашто би
ваш смех био недужан кад његов није.

Али, какав је његов а какав ваш смех? Не зна-
те само ко то треба да каже. Можда оне, уз ваш и
његов бок. Како се то раније нисте сетили? Оне,
наравно. Те птице грабљивце. Никад довољно на-
кљукане смехом.

Оне су, то сада знате, присвајале смех, једног и
другог, не грешећи попут вас двојице, који је њи-
хов. Свака свој, запретан у вама (као заметак ве-
тра, као мук пред вратима устију, као непробуђен
дах), навабила је својим цијуком, пијуком, цврку-
том.

Имати смехотворку, обећани је савет. Са њима
(множина се не избегава), прича је друкчија. Ако
и започне претеће, завршиће.

Не. После смеха плакање није обавезно.

ДУХ УБИЦЕ КИРТЕНА ИЛИ ГОВОРИ МОЈ ПРИЈАТЕЉ М. М., alias ЗВЕР

E. Hanussen (1889–1993) слављен је као један од корифеја парапсихологије и не мање величан у практичним делатностима астролога, хороскописте, спиритисте, учитеља магије. Уз све то био је глумац, певач, пустолов, ненадмашни извођач циркуских вештина. Остао је, међутим, запамћен по неуспешном откривању диселдорфског убице *Kirtena,* који је серијом свирепих убистава 1929. године узбудио читав тадашњи свет.

Hanussen се о диселдорфским злочинима изјашњавао више пута. Упозоравао је после другог убиства да ће уследити четрнаест, а било их је још осам. Тако је он више од самог убице држао у страху грађане Диселдорфа после серије убистава окончане десетим злочином. Такође је тврдио да ће се убица после првих шест убистава примирити за дуже време, можда за годину или две, а овај је већ трећег или четвртог месеца починио своја последња четири злочина у размаку од неколико дана. У овом другом случају *E. Hanussenu* се може приговорити, а ни оптужба не би била претешка реч, да је убици олакшао извршење последњих злочина, ако се зна да су жртве биле запањујуће неопрезне у својој и раније осведоченој лаковерности.

У фебруару 1930. године *Hanussen* је у тексту објављеном у свим немачким дневним листовима, као и у гласилу института за криминолошка истраживања, које је имало полуслужбени карактер, дао опис убице у двадесет шест тачака, са подацима о његовом изгледу, статусном положају, навикама, понашању. Истако је да не одступа од идентификовања убице у укупности ових података, као и да несагласност ма и једне појединости из датог описа са личношћу осумњиченог, скида са овога терет сваке сумње. У свему је најмање важно, узгред је рекао, да пре њега, *E. Hanussena,* свет и није могао да има о неоткривеном убици слику по којој би се могло прстом упрети у њега, али да је сада обузет сумњом, којој, зачудо, не може знати порекло, да ће икада више пред његовим духовним очима искрснути тако јасна визија злочинца; порука колебљивима да се ова, ипак непоновљива, прилика искористи није била прикривена.

Показало се, међутим, да ниједан податак из оглашеног описа није одговарао личности убице.

Писац ових редова о *E. Hanusseni* и о ономе што следи дугује захвалност аутору студије „Криминалистичка парапсихологија — мит или стварност“, објављене у југословенском часопису „*Правни живот*“, бр. 7–8 из 1992. год., што је у прилици да изложи свих двадесет шест тачака описа свирепог убице, онако како их је аутор студије, у сваком случају верно, пренео из поменутог текста *E. Hanussena.* Коментар уз сваки податак *E. Hanussena* о убици, у виду тачног податка, такође је преузет из исте студије. Дакле...

1) *Учиниоца треба тражити у круговима филателиста.*

Убица није био међу њима.

2) *Учинилац је стекао образовање у специјализованој школи, најмање вишег степена образовања.*

Убица *Kirten* се две године практично обучавао у помоћним грађевинским пословима.

3) *Имао је стално запослење.*

Као помоћни радник на грађевинама често је остајао без посла. На крају је био незапослен и живео од државне потпоре.

4) *Учинилац је средње висине, има ūлаву косу, чешља се уназад.*

К. је био висок само 1,70 m. Светлосмеђ, носи раздељак удесно. Косу реже кратко.

5) *Краūковид је, носи наочаре.*

Погрешно.

6) *Учинилац је средњих ūодина, са знацима ране сūаросūи.*

К. је имао 27 година.

7) *Учинилац никада није кривоūворио свој рукоūис.*

К. је послао три писма (полицији), сва са искривљеним рукописом. Једно је чак написао левом руком.

8) *Учинилац је бициклисūа (зна да вози бицикл и чесūо ūа корисūи).*

Нити је возио, нити имао бицикл.

9) *Био је скауū.*

Није.

10) *Положио је возачки исūиū у једном великом ūраду (на обалама две реке).*

Није.

11) *Неūознаūи масовни убица не делује женскасūо.*

Напротив.

12) *Није зачеūник свих убисūава.*

Јесте.

13) *Учинилац није извршио ūокушај убисūва једне малолеūнице (ūосūођице Menzer).*

Јесте.

14) *Случај малолеūнице је ūоūūуно издвојен од осūалих.*

Промашено! К. је исте вечери покушао да убије даљу рођаку малолетнице.

15) *Учинилац се амаūерски бави механиком.*

Није тачно.

16) *Учинилац је члан једног партијског удружења.*

Није.

17) *Учинилац много чита.*

Читао је у новинама само извештаје о убиствима.

18) *Био је члан удружења љубитеља старина.*

Није.

19) *Облачи се уредно.*

Нетачно. К. се облачио у складу са својим статусом у друштву.

20) *Учинилац има неговане руке.*

Није тачно. К. је имао чисте, али радничке руке.

21) *Прави рукопис убице је много исписанији него на скици пронађеној поред тела прве жртве.*

Рукопис на скици нема ничег сличног са К.-овим рукописом, те се не могу поредити.

22) *Папир на коме је нацртана скица део је једног плаката.*

Погрешно. Скица је рађена на хартији за паковање, а цртао је К.

23) *Учинилац има неке везе са поштом и железницом.*

Није тачно.

24) *Учинилац би могао потицати из Шлезије.*

К. је потицао из Келна, на супротном крају Немачке.

25) *Учинилац је непушач.*

К. је био страствени пушач.

26) *Злочини су вршени перорезом налик на мач, који није био велики.*

Погрешно. К. је у неким случајевима употребљавао баварски нож, дугачак 20 cm, а у другима двоје маказа и више разноврсних чекића.

Сваки други податак о убици ирелевантан је за његово откривање, написао је *E. Hanussen,* па се ваља подсетити на тај део текста који су пред собом имали немачки читаоци пре више од шест деценија, утолико пре што нас и студија коју користимо у осветљавању личности *Е. Hanussena* подсећа на њега.

Hanussen је, сазнајемо из истог извора, у више наврата објавио у новинама писмо убици, позивајући га да се преда. „... Ти осећаш како рука из таме посеже за тобом. Знаш да нећеш избећи њен захват. Кажем ти, предај се полицији, изручи се праведности казне или ћу те извући из склоништа... На трагу сам ти и знаћу да те ухватим.“

Не може се знати шта је убица *Kirten* мислио о моћи парапсихолога, мада и о томе има занимљивих мишљења. Оно што је поуздано, јесте да се није одазвао позиву. Откривен је криминалистичким методама.

О опису убице Киртена из пера *Е. Hanussena* може се различито судити, ако се занемари чињеница да ни тај опис, као ни сам *Е. Hanussen* нису били од користи полицији. Усудио сам се да своје мишљење изнесем пред лице свога пријатеља *М. М., alias Звер,* тако названог по необјашњивој склоности људи нашег поднебља да наденутим именима приписују особине супротне онима које човека красе, а он, М. М., уистину је племенита природа. Ако је, међутим, моја бојазан у несагласју са његовом природом, реко́х племенитом, то је само због тога што сам желео да избегнем неспоразум који би могао његову професионалну преосетљивост да преобрати у нежељено расположење. А он је био, могло би се знати, у дугогодишњој служби полиције, са скромним, али неодговарајућим, звањем полицијског инспектора; од недавно је своје завидне способности ставио на располагање заинтересованима за услуге приватног детектива.

Пред лицем, дакле, таквог човека, допустио сам себи да кажем: „Што се мене самог тиче, ја бих убицу *Kirtena* радије видео на трапезу, у вратоломијама које би му било када сломиле врат, него погнутог над управљачем велосипеда; са флоретом у витешкој борби у којој ће страдати сопственом неопрезношћу, пре него са перорезом налик на мач; без писане речи пред очима, па и оне која дочарава свирепост злочина и патње страдалника; суровог израза, не и лишеног вампирског осмеха (њиме би, ваљда, одбијао од себе и жртве које су спремне да пркосе сопственом страху); без наочара у сваком случају, али и њихове замене у виду невидљивих сочива, мада, морам признати, његова појава са рамом за наочари од корњачиног оклопа може својим ефектом застрашивања производити срећне исходе. Не бих имао ништа против да косу реже кратко, а ни против његових средњих година, са упадљивим знацима ране старости.“

Смирено и уз благи осмех *Звер* је пренео на мене свој проницљив поглед. „Такав по твојој замисли, без свог изврнутог лика у огледалу *E. Hanussena,* убица *Kirten* остао би неоткривен. Све варијанте његовог описа су могуће, али га само изврнута слика описа који нам је дао *E. Hanussen* води на губилиште.“

То није могуће, никада се са таквим размишљањем не бих могао сложити. Не, био сам спреман да поричем, одмахујем главом, не, никада, зар су аргументи против таквог става уопште потребни, и то сам могао да кажем, али се нисам ни покренуо нити ишта рекао. Говорио је, а ја сам га занемело слушао, само он, мој пријатељ, племенити *Звер,* човек са искуством полицијског инспектора и сада још већом одговорношћу приватног детектива.

Моје забленуто лице је слушало: „Жалости истина да нас је заобишло часно... ма“, одмахнуо је руком, „није било никаквог признања криминолога да су убицу *Kirtena* открили следећи појединости о њему супротне онима које је *E. Hanussen* изложио у двадесет шест тачака. Још су били спремни да себи у заслугу припишу, неправедно, дакако, да им се лице убице открило са свог огољеног наличја, како некада само случајно, и изузетно, посве изузетно бива, а овога пута као добитак у њиховој срећно започетој игри писмо-глава. О, свеци", као да је у неком очајању, у каквом га никада нисам видео, позивао у помоћ, да би дошавши себи, оном свом, а мени тако добро познатом бићу, великодушно опраштао: „Ипак, могуће је да ни слутили нису како су тим јединственим трагом ишли по вољи самог *E. Hanussena*."

Још увек несмирен, мој пријатељ *Звер* није се могао уздржати од речи осуде и проклетства: „Нека сада и заувек блажени буду у свом незнању." А све што је потом рекао било је нада и уздање: „Нама за утеху нека је да ће у некој другој прилици њихови следбеници бити обузети неверицом ако се предсказање представи погрешним у свакој појединости. Они који долазе после њих неће бити лудо несмотрени да случај приписују непредвидивој вољи самог случаја."

У потпуној преданости речима мога пријатеља *Звера* присетио сам се податка из већ помињане студије да је *E. Hanussen* у завештању поверио старање о свом обимном делу својим великим поклоницима, госпођи *Sheili Ostrander* и господину *Schroederu,* који ни после толико година, како сада знамо, нису посумњали у његову величину. Њима је у својој далековидости *E. Hanussen* могао мирне душе да придружи и њега, М. М., *Звера,* ослобођен бојазни и разрешен сваке сумње да би га он могао изневерити у најбољим надама, помислио сам у некој својој тврдој вери.

Али *Звер* се, далеко од мојих мисли, њему посвећених, обраћао замишљеним слушаоцима. Тако је чинио када би на прагу открића недоступног онима који су пре њега, разуме се, неправедно, били одабрани у неизвесном подухвату решавања каквог особеног случаја. Он воли тренутке таквог свог тријумфа. И требало је сада видети тај његов поглед који прелази преко свих, који јесу и који би могли бити пред њим, а затим се губи у некој непојамној даљини, тегобно протегнут између капака. „Само велики, а несхваћени међу нама, својим путевима воде нас циљу начином који нам се никада не открије или нас оставља у неверици. Они знају када их нећемо следити и када ће нас водити слепа вера у њих. Уводе нас у таму да би нам свици унутрашњег ока осветлили пут. Открију нам све када знају да нас ни срећна звезда случаја неће обрадовати. А ми их, несрећници, у својој надмености проглашавамо игнорантима или у збуњености остајемо беспомоћни пред њиховим знаком."

Његове речи сада прелазе у шапат, то је опомена коју ћу ја најбоље разумети, а онда, он то зна, неће бити залуд изрекнута: „Ако се проникне у тајне игре заповести и забрана које равни *E. Hanusseni* само наизглед случајно заподевају са нама, ослободићемо се заблуда о сопственим моћима, о, како оне могу бити велике, те заблуде наше, а стечених заслуга, заслужених, и оних других, толико чешћих, одрећи се без жаљења и уз захвалност за пружену милост. А тада, то је тај час одлуке, тренутак откривања карата, и то пред ким, пред забезекнутим лицем наспрам нас, не треба презати од позива убици да се изложи праведности казне."

Звер ће олакшати својој души тек када каже: „И његово смејуљење из буџака биће увод у причу о ликовању онога који се последњи смеје."

Усне које су му се дотле лепљиво отварале већ су се каниле да пропусте смех, колебљив негде у трбуху. Знам, умео је да га гроктаво истисне када би се нечему радовао.

Али, не.

Било какав његов смех био би надјачан мојим грохотом.

Мој племенити пријатељ *Звер*, син почивших – поштанске службенице и отправника возова, не пупчаном врпцом али ипак рођењем везан за пошту и железницу; члан једног партијског удружења, што му никада није представљало сметњу да припада и другом удружењу, оном љубитеља старина; страствени читалац озбиљне литературе (рецитовао је уводне странице романа о злочину и казни); у слободном времену и предасима духа посвећен филателији, са поузданем да га богата колекција, западне ли у невољу, може ослободити новчаних брига; поседник скромне радионице али довољно опремљене за успешно аматерско бављење механиком (у младости је са великим успехом популарисао радио-технику оснивањем клубова народне технике); у више прилика мењао је дужину свог потписа и његов графички изглед, али никада са намером да га кривотвори; извидник од малих ногу и заслужни скаут; запослен на неодређено време до дана када је одлучио да у слободном статусу приватног детектива подобније искористи своје способности; власник дипломе више школе (специјализованог смера); по личном опису средње висине, има плаву косу, чешља је уназад (нескривено изражава презир према свим варијантама пребацивања косе на теме, са потиљка колико и са стране); иако негованих руку и наглашено дугих ноктију мужевног је изгледа; вози бицикл (не подразумева се само вештина већ и редовна употреба). Укратко, ни једном појединости не изневерава лик убице *Kirtena* што га је свету својим детаљним описом подарио *E. Hanussen*. Истини за вољу, мало је вероватно да потиче из Шлезије, мада ни такву могућност не треба искључити имајући у виду ко се све смуцао овим просторима у време Другог светског рата, када је он дошао на свет.

Можда ми се причинило да ћу чути његов смех, онај последњи у надсмевању са неприличнима, или нико не постаје тако лако гануто брижан као што то њему успева.

Да ли ја то излажем порузи мога пријатеља *Звера?* Зар је било довољно да у једном тренутку неочекиване спознаје препознам у опису убице *Kirtena* њега самог да бих га полио једом сопствених сумњи?

Не. Ков његове племенитости не хвата рђа пакости. Ево га како, мало искосивши главу, говори оно што његова искреност неће оставити за час најдубљег суочења са самим собом: „Блаженству које човека обузме при свести да није умешан у још нерасветљени злочин, без стида се предају и они који су позвани да открију злочин. Када би жртва понешто знала о томе, не би била захвална небу, нити опростила тако блаженима. Али шта жртве могу да знају о кривици трагалаца за злочинцем? О блискости гонича и бегунца? О благонаклоностима које њихове узајамне мржње и нетрпељивости порађају? О задовољствима у лукавствима за које један никада није довољан? Ништа, готово ништа не могу знати. Пред њиховим очима лик злочинца неће прећи преко лица његовог прогонитеља ни као варљива сен.

„Знам, драги пријатељу“, прекинуо сам га не само речју већ и подигнутим прстом застрашен понором његових мисли, „знам да ниједна жртва неће помислити да њена несрећна судбина само посредује у исконској игри поравнања злочина и казне. Али поклонимо се сенима свих жртава и опростимо им све грехе.“

Гледао је кроз мене не видећи ме, загледан у прошлост коју као да је приводио себи на њен последњи испит. А онда, изашав из те провере одлучнији него икад, у тишини чију сам тежину осећао као сав терет неба, јекнуо: „Онима, жртвама убице *Kirtena,* никада. Оне, његове жртве, нека вечно испаштају све своје грехе."

Питао сам својим страхом. Провером чула, доведених до граница издржљивости, ставио га на последњу пробу.

„Сачувајмо жртве милости победника, не лишавајмо их бесконачне наде у освету."

Тек пред том заповести упитао сам се: „Да ли се то јавља дух убице *Kirtena* или говори мој пријатељ М. М., *alias Звер?*"

Може бити да сам колутао очима, показујући свој изгубљени поглед зачуђеној таваници, кад је његово признање пробудило моју свест слутњом његове да ли повраћене искрености: „Убица *Kirten* је једном морао да проговори из мене."

Тада сам знао: и прва порука покојника помиреног са собом могла би бити – једном се морало умрети и нека је то био овај минули час.

Али зашто су му се најодном тако затегли мишићи на лицу? Коју снагу у себи обуздава? И чију?

Да ли то говорим о *Зверу,* моме племенитом пријатељу, чинило ми се да сам се упитао.

Исте вечери припалио сам свећу за покој грешне душе *E. Hanussena.*

БУЂЕЊА

На небу нема ниједног светлећег младежа, буди је реченицом непознатог аутора. Она гласом пробуђеним освитом говори о окрепљујућој свежини јутра. Авај! Он почиње да слути како позајмљеним речима отвара поклопац Пандорине кутије младежа на њеном лицу, опаког *nevus blue*-а, и да ће се, о, тако брзо просути мрак њеног вечног спокоја.

Али и он има своје мркло јутро.

Утрнуо је жижак Венериног сјаја, она шапуће речи које је он једном изговорио. Он тоне у још дубљи сан из кога излази са молитвом на уснама, за свој спас, а када отвори очи види је како неутешно грца.

Мачеве туђих укрштених речи, он непознатог аутора она његове, враћају следећих јутара у корице сопственог ћутања.

У ноћима које долазе сањају јутро у коме ће изаћи из себе непрерушени.

А онда...

Можда ћемо чути, можда ћемо чути, говори она.

Чујемо, каже јој он.

Најпре лепет крила, а онда и кукурикање.

(НЕ)ТРАГОМ ЈЕДНЕ СУДБИНЕ

Бестрага, рекао је једнога дана самоме себи. Ми не знамо који је то дан био, али не сумњамо да је тако било.

Застанимо.

Је ли то његова причина, ловоров венац? На таласима моћног Ганга, већ склопљеним над његовим земним остацима?

А видели смо га, је ли то наш привид; руком сејача развејава сопствени прах над истом водом.

Одагнајмо маглу пред својим очима и судимо бистра ума. Је ли могао нетрагом да ишчезне? Какву му је наду давала судбина страдалника у масовним погибељима, оних неидентификованих, у њиховој пуној равноправности означених крстићима?

Пођимо трагом списа чија строгост не даје опрост нашој брзоплетости. Макар се и друкчије мислило, они су огледало живота својих непотписаних аутора. Распростримо пред собом забелешке о изради законског пројекта о проглашењу несталих лица за умрла, на коме је он радио. Хоћемо ли у решењима (недореченост није слика закона), а она су, та решења, са снагом растављања од живота не мање делотворном од мача Архангела Михаила, пронаћи отиске. Овде застајемо да говоримо о печату, јер такав траг о себи он никада не би оставио.

Не околишимо. Он, господин Бестрага.

Допустимо му да сâм каже: Ни прах свога праха.

Је ли му име заслужено? Ако јесте, ни такво не би носио.

Забрањујем, притискује нас тежина његове подигнуте руке. Том руком он ће се и почешати по глави. Хоћемо ли у таквој својој недоумици говорити о њему?

Ми ћемо ипак говорити о вама, господине Бестрага. С вашим допуштењем, у трећем лицу. Ради привида приче о неком другом. Рецимо о Шумахеру, оном аутомобилском асу. Макар и ловоров венац, с почетка приче, не био с његовог врата. А редослед догађаја нека вам не помути мир, сада вечни.

О суочењима са њим (тек сада је у трећем лицу) можда и не вреди говорити. Порицао је да је виђен, додирнут, ослушнут. Али зар смо морали да верујемо чулима? Колико пута су нас изневерила. И по чему би њихова непоузданост морала баш у његовом случају да се хвата за неку своју сламку спаса. Нама то није требало.

А и он као да никоме није био потребан. Немојте погрешно разумети. Не знамо да се неко њега одрицао. Невоље су наишле када му се родила кћер. Дете незаконите, може се претпоставити брижљиво прикриване везе. Обузет мишљу да му она, буде ли другима свеједно, може у свом зрелом добу смрт обзнанити, тајио је њен долазак на свет. Исповедао се да нема никога доли себе, а схватали смо да о сродницима по крви говори. О другима се углавном све подразумевало.

У ком је оно рату погинуо? А у ком није. Грешка је била ако се спасао. А још већа да се то зна. То је он мислио, не ми. На нама је да не мислимо погрешно о ономе о чему је он мислио.

(Нека прича о сахрани претходи оној о смрти. То би му се допало. Измењени редослед прича о сахрани и смрти поткрепљује сумњу у истинитост обе приче.)

Птице у шумарцима око гробља биле су тога дана бројне. Једно или више јата? Начичкане као гледаоци, нису узлетале. На дрвећу поред завоја пута искретале су главе. Значи, пратиле су догађај. Да ли су певале, цвркутале? Аутор записа саопштава нам да то није чуо. Не можемо му сасвим веровати, јер шта све не заокупља његову пажњу.

Ваздух прозрачен, без иједног прамена дима (трагови авиона у висинама изгубљени). Било је веома тужно. Што је најважније, није мирисало на бензин. На крају: била је позна јесен, а она је иначе закаснила. Веома. Запис је слутио зиму.

Са мирисом бензина у ноздрвама смо дошли. О разлици између онога што нас прати и дочекује знамо доста.

Она, која није постојала за неке (и таквих је међу нама било), објавила је да је кћер свога оца. Плачем и сузама. Није било потребно питати ко је она. А његов лик на њој, истина је, скривао се. Изгубљен, ипак, није био.

Један посмртни венац наликовао је ловоровом. Ако и није, знамо шта смо гледали. Видели смо више него што је било пожељно, тих дана.

Грешка у његовом имену, за коју ће поднети рачун погребник, мора бити да је његова подвала. То је тешко доказати, али потврђује да истина не избија лако на видело. Далеко би нас одвело ако бисмо расплитали и то његово клупко. А скривати не смемо: исправка погрешног слова на крстачи неће остати непримећена, сумња ће упућивати на трагове о којима се и не слути. И нека буде тако. Можда такав пут води до почетка. Није ли сâм спајао крај с почетком?

А онда (у причи са измењеним редоследом) Монца, последњи круг. Шумахер води.

Гледаоци начичкани (чичак, један смо скинули са рукава ванбрачне кћери, онда када није мирисало на бензин, у позну јесен). Игла не би нашла место међу њима, када би пала, уместо онога што ће... да ли ће? Какво је то чудо од лома пошло увис, застало да се још једном заврти? Последњи пут мерка. Ономе који тражи место, оно се и прави. Како се прави место? Чичак *(arctium lappa)* није плева. Нико га не може одувати. Свако је међу њима другоме чичак. То почиње да нас нервира. Ваљда неко неће више другоме бити чичак. Нека се издвоји, крене својим путем. Ако и то неће, нека се својим рукама покрије, теме бар. Као да нас чује један, али он само испружа руке.

Коме се тај моли?

Бестрага, и са њим!

И ко би то био? По кога је дошло. И узело га.

(Пут од Монце до нас није писта, али се стиже; идентитет смо утврдили без посредства слике, већ, како је могуће у причи са измењеним редоследом, у дану који није мирисао на бензин, а била је позна јесен).

Али, Монца, још увек.

Из доњег левог угла екрана не бежи ознака телевизијске станице – TV SKY. Не можемо је сакрити под ревер, за који се хватамо. А знамо да је то последње небо *(sky)* са кога би нас гледао. Грешимо ли? Он би скинуо себе са сваког неба. Претходно би се уверио да и то неко не види.

А видели су сви који нису сакрили очи. Колико је до нас, навукли смо црни застор преко екрана. Свом виду ваља предочити казну. Са њом ипак нисмо журили.

А Шумахер?

Он је скинуо ловоров венац с врата. Нисмо га прекорили. Победник не мора знати да има и таквих који ће рећи да им је и капа доле превише.

Свој грех признајемо, наравно. Говорили смо уместо да ћутимо.

Ви бисте ћутали, зар не. А у оној минути одавања поште, буде ли му нечијом несмотреношћу посвећена, ћеретали. Чинили бисте то насупрот свима, али и нама који смо навукли на себе проклетство његовог спомена.

Безнадежни ипак нисмо. Прах наших речи ће се развејати. Нека га само ветар не узнесе кад стане да посипа реку Ганг.

СПОКОЈСТВО

О нашој срећи треба судити тек после наше смрти, уверава Монтењ насловом једног свог огледа. И труд му није узалудан. Али руку на срце, уместо Солона, кога Монтењ призива у помоћ говорећи да се људи не могу назвати срећним док нису проживели последњи дан свог живота, довољно ми је да се у тражењу сопствених доказа присетим догађаја из времена с почетка моје каријере истражног судије. Можете се сумњичаво запитати попут толиких других знамо ли шта је срећа. Ако она није и спокојство са којим напуштамо овај свет нисам ни ја онај за кога ме можете сматрати. А јесам био сведок. Пристигао на лице места пре других, за десетину корака бржи и од самог полицијског инспектора. Прескакао сам срчу и гајбе пива расуте по потесу недостојном романтичног назива под којим се водио у катастарским књигама. „Рајска долина" доносила је на свет главице купуса, уз то и такве да се по њима не би могла расчути даље од суседних атара. Не спотакавши се ни о једну од толико разноликих препрека, а отежалих ногу од лепљиве земље, нашао сам се пред несрећником. Возач шлепера је једним стакластим оком гледао у одблесак јутарњег сунца са ретровизора распрснутог у паукову мрежу. Сâм сам зажмурио до болних свитаца пред неосетљивошћу његовог очног сочива. Већ следећег тренутка видео сам да са далеких обзорја Хелголанда, плава лепотица напућених усана, наслоњена на стену, шаље пољубац. Још увек, пред уверљивошћу фотографије хтедох рећи. А сада видим себе док зането говорим: „Несрећа повлачи своју ужад и из дубина етеричних простора одвлачи у свој мрачни вилајет." Те моје речи, које зацело нисам прошапутао, нису омеле инспектора да у купусишту пронађе једну неразбијену флашу пива и стресе са ње капи росе. Али пре него што ће је надушак испити, а у то нисам ни за часак посумњао, он се пење на папучицу накривљене кабине, с оне стране по којој није положено возачево тело, испружа руку, истеже се, и, залажем свој живот ако му је било први пут, повлачи нокат свога палца и њиме кораком зглоба напредује, све правцем места која се само ако нам се не дâ заобилазе. Нека је грех на његовој души, помислио сам, јер се слика лепотице са Хелголанда саблажњиво смакла са шофершајбне и пала на његов длан, распрострла по раширеним прстима, тражећи узглавље на његовој подлактици. „У сигурној је руци", проговорио је тек тада инспектор и зубима раставио пивску флашу од запушача. Уверљивост тих речи, или наша одушка којој смо једним ускликом пустили на вољу после успелог инспекторовог подухвата, ништа друго већ само то, заклопило је стакласто око возача. Можемо рећи и да сê оно само заклопило или да је то сам возач учинио, али то је већ питање, допустите ми рећи, технике спуштања завесе на крају последњег чина. Завршна сцена је већ била одиграна. И ако је Монтењ у праву када нас упозорава да нас судбина може натерати да горко процедимо: „Заиста, живео сам један дан дуже него што је требало", ми својим сведочењем потврђујемо да наш само с почетка приче несрећник није имао ниједан дан на претек.

ЗА ВЕЧНУ УПОТРЕБУ

Неки непрепознатљиви шумови. Можда, шум срца. Чијег, кад је сам у соби. Зар баш сада када је над листом (белог) папира, а над њим, листом, оловка која ће бележити његове последње часове. То нису они које одбројава укључени хронометар на дигиталном сату пред њим. Последњи часови су метафора. Ако су и нечије време, биће и његово, али га он не пожурује. Насиље над временом је већ начињено у језику. Све у своје време, синтагма је којом је време поражено пред оним што се у њему догађа. Време свему служи, а заправо свему претходи. Гледа на дисплеју како се делићи времена, преобучени у цифре од један до десет, претрчавају. Ко ће их престићи у њиховој суманутој трци. Ми, а то је све, увек долазимо после њих. И шта чинимо. По пепелишту тражимо нас бивше. Зашто нам је то потребно. Једном треба себе бившег видети пре свих. Нека они чекају наше време, ако је њихово брже од нашег. Другим речима, то значи да ће њихово време бити живо а наше мртво. Ако буде. За сада није. Зато ће његове последње часове, то његово мртво време, откуцавати часовник његовог живог времена. То му се није допало. Као фраза. Часовник, сат, свеједно, може да стане. Зауставе се сказаљке. Умру (зашто тако!) његове живе бројке. Али. Живомртво време, такав исти сат, зар то не постаје опис последњих часова. Инверзијом атрибута, уместо навлачењем тамне завесе, призивати жељену, пардон, очекивану смрт. Мртвожив, дакле. Шта би, у ствари, то могло бити. Прожимање живота и смрти, зар то није оно што носимо у себи од рођења. Где је ту онда смрт? Неко куца. Смрт! Или можда час. Прво час, па онда смрт. Такав је редослед. То је ипак само привид. Будући да куца смртни час, то час води своју смрт. Молим. Чија је смрт. Неспоразум може бити са, и тако даље. Јер сада је бити или не бити. Не бити је неуспех, победа живог времена. То се не сме допустити. Време се ипак мора убити да бисмо имали последњи час. То је такође насиље над временом, друго по реду на које он упозорава у овом тексту. Превише, са гледишта захтева једног умирања. Као да је ово опис смрти времена а не његове сопствене. Чије он стрпљење куша? Можда читаоца. Манимо се зато скрупула. Пресудимо му по кратком поступку. Скраћеницом за вечну употребу (пише се малим словима), којој ће својеручно дописати своје име и презиме (обавезно велика слова).

поч. . . . .

(Молба читаоцу: не злоупотребљавати простор исписивањем ауторовог имена)

ЛИЧНИ ЛОПОВ

Полицајци у цивилу привели су јој лопова. Ово је ваш лопов, рекли су јој. Ово је ваша жртва, рекли су лопову.

Да ли се препознајете, ви њега, он вас, изукрштали су полицајци погледе. Не, рекла је она, да, рекао је лопов.

Међусобно упитани полицајци споразумели су се да упитају само њу. Да ли је покрадена, упитали су је. Не, нисам, рекла је она. Неупитан, одговорио је и лопов. Јесте, рекао је он.

Ко говори истину, били су принуђени (!) да упитају полицајци. Наравно ја, рекла је она. Наравно ја, рекао је лопов.

То је немогуће, вртели су главама полицајци, и, наравно, ништа нису рекли.

Чије је ово, показао је нешто у руци један полицајац. Да, чије је, говориле су очи осталих полицајаца. Први пут видим, рекла је она. Њено, рекао је лопов.

Ово није њен лопов, закључили су полицајци.

И није.

Она има личног лопова.

Лични лопов није за једнократну употребу. Никада се не зна када ће јој бити потребан. Зато мора да буде у приправности. Не мари што он то не зна.

Лични лопов јој може све украсти. Само не њу саму. Он није киднапер.

Њен лични лопов не мора да буде увек исти лопов. Да бира свог личног лопова њено је лично право. Немојте се изненадити ако то будете и ви. Шта говоримо! То ћемо само ми знати – да сте ви њен лични лопов.

Њен лични лопов никада неће бити осуђен. Он постоји само зато да би био оптужен.

Оптужба?

Разјашњење постаје неопходно. Она не пристаје да буде у трећем лицу, ко зна шта јој се све може приписати. Дијалог је неизбежан. Не прихватимо ли га, сама ће говорити.

Молим, ко је оптужио? Ја нисам. Ви сте ме погрешно разумели. А можда и оклеветали. Шта можда, наравно. И кога. Мене? Какав лопов, шта вам је? И још лични. Је ли вам позлило. Бог с вама.

Морамо сачекати да још једном удахне (ваздух).

Ма, тај би и богу тамјан... Принео, немојте ме погрешно разумети, кумим вас.

Поверујмо јој, куми нас. Али она има још нешто да нам каже.

Доста ми је тих сумњи личних лопова. Како су само подозриви. Можда и према вама, кажем вам.

Ми нисмо никога клеветали. Можда би нам она могла сведочити.

ЊОЈ У СУСРЕТ, БЕЗ СВЕТОГРЂА

Онда јој је поглед одлутао кроз прозор за усковитланим лишћем. Пратила га је са смешком, и говорила, говорила...

Како је само говорила!

„Греше сви који мисле да су лепотом обдарени у предности над осталима и онда када су положени на одар. Не, нису. И кад срце престане да куца природа исправља своје неправде. То срећивање рачуна у свеколиком кружењу материје има са гледишта вечности значај који ми, обични смртници, нисмо у стању да увек сагледамо до краја.“

„О, да“, рекао сам.

„Ипак“, опоменула ме је, „никада не посумњај да тело остављамо свету живих какво је њему, том свету, било познато док смо и сами њему припадали, али и онакво каквим се од тог истог света оно растаје.“

Био сам уистину збуњен њеном вером да неколико посмртних часова, док нас на лицу земље још обасјава светлост, заслужују да са свим годинама које смо од рођења накупили равноправно деле ону бригу коју за живота поклањамо телу.

„Али, можда...“ – промрмљао сам и излетео у двориште да покупим опало лишће, малочас усковитлано.

Ја волим када је пре сахране све почишћено пред кућом.

Али рођака Сена није била од оних жена које се у било чему могу пожурити.

Са Санвилом, њеном (негдашњом) пријатељицом, све је било друкчије. Грабећи од живота, неопрезно је упала у замку смрти. Пред својом чудесном хладном лепотом и сама би устукнула. Фотографија њених земних остатака положених на одар, која почива у постељном рубљу рођаке Сене, не би у томе никога оставила у недоумици. Требало је чути и рођаку Сену како гануто говори над овом фотографијом, само у ретким приликама изношеном на светло дана: „Кад би јадница могла себе да види...“

„А зашто се то не би могло десити мојој рођаки Сени...?“ – запитао сам се, истовремено приморан да себе уверавам како не прижељкујем њено пресељење у свет чудесно хладне Санвилине лепоте, ма колико волео да пре сахране све буде почишћено пред кућом.

Одлучим ли, рођачки дуг ће ме обавезивати на онолико вештине колико је потребно да Сенине понешто дубље усађене очи, као неуспела равнотежа међусобној превеликој приврежености носа и браде, не изазову језу у срцима оних који би се окупили око њеног одра.

И... десило се.

Када се крајем лета ветар сасвим утишао, растеравши најпре облаке над реком, запутио сам се, са фотографским апаратом обешеним о раме, тамо где су се за дневног светла капци рођаке Сене једино могли свести преко очију, на пешчану плажу.

Пронашао сам је када је сунце било над реком, а његов блесак, пресечен прамцем брода, вода односила у лаком треперењу на једну и другу обалу.

Испружена наузнак, левом руком чврсто је држала златножуту кутију са блештећим натписом BLACK UP. То она пигментисање своје коже подводи под строгу контролу, закључио сам гледајући је заклоњен иза тела која су промицала мимо њених у небо стршећих ножних прстију.

Нисам слутио да одблесци са знојне подлоге њеног лица могу да ми помуте вид. Али начас обневидео пружио сам руку према води, тек благо заљуљаној. Онда сам поглед поново свратио на њу и једва угушио крик. О, колика је његова моћ, тог сунца! Не осујећујући капке да се опуштено сведу преко очију, оно јој је сабрало кожу у две мало приметне лепезе на јагодицама. Онај осмех који је мелем за свакојака неспокојства, са којим се може умрети, али нипошто пре него што буде скинут са траке времена, био је рођен.

Високо у ваздуху, испод самог облака, галеб је проносио свој крик.

Приносећи оку фотографски апарат, опоменуо сам се да себе можемо даровати пленом који се отмицом присваја тек ако нас не сустигне слепа освета, она коју ни мисао не домаша. „О, боже", тргао сам се већ посагнут, „зар би ме рођака Сена могла..."

Без знакова незадовољства што јој се глава своди на димензије тог вештачког ока у мојим рукама, рођака Сена је сачекала повлачење ороза на механизму и остала без покрета када се он претворио у краткотрајан зврј, утишан мојим рукама.

Могао сам да узмичем спорим покретом, привидно клецавих колена, тим начином поузданих фотографских мајстора. Али изненађујуће и за самога себе, нагло сам се окренуо и потрчао. Јурио сам као да ме је врели дах аждаје прљио. Испод ногу ми је избијао песак и пребачен преко главе засипао очи. Дим од прегрејаног уља за сунчање мотао ми се око ногу, обвијао ме целог, маглио ми вид. Одвраћао сам главу од положених тела, ко зна кад умртвљених покрета, која су одисала смрадом запаљене коже и осмуђених длака. Ваздух засићен знојем палио ми је плућа и одузимао дах. Корак ми је ипак био све дужи и ја сам бежао, бежао, губећи себе у свеколиком пожару. У ствари,

почео сам да схватам, приближавао сам се неслу-
ћеном брзином вратима своје лабораторије.

У сумрачној просторији, скрајнутој у дну дво-
ришта, чела охлађеног мокром крпом, удишући не-
стварне мирисе нагорелих тела, са призорима не-
ког будућег боја соларном енергијом пред очима,
спајао сам усликану главу рођаке Сене са телом
Санвилиним под покровом. Дух знаменитог T. HAD-
SON-a, који ми се својевремено величанствено пред-
ставио својим делом MANUEL PROFFESSIONAL
PHOTOGRAPHY, бдео је нада мном. Када је он бе-
шумно ишчезао, задовољан оним што је видео, не-
осушен фотографски папир почео је да се увија
око прстију моје десне руке, а најежене длачице
укрстиле су се са трепавицама рођаке Сене.

Време ветровитих дана, када ће се врата у Ми-
рочкој 5., станишту рођаке Сене, отварати и за-
тварати, стрпљиво сам чекао.

Знао сам да ветар који дува на мах није онај
под чијим ће налетом врата у Мирочкој 5 остати
отворена, буду ли се само једном, ма и случајно,
затворила. Пропустио сам и многе сате ветра ко-
ји је својим једноличним говором нагонио људе
да се окрећу око себе.

Онда је дошао дан у коме ће ми се без одзива
вратити глас: „рођако Сенааааааа, јесте ли тууууу-
уу“. Уснула глава рођаке Сене, са осмехом који се
нуди као мелем за свакојака неспокојства, спојен
са телом Санвилиним под покровом, нашла је свој
мир у последњој фиоци ормана са постељним руб-
љем. Из собе ме је отпратила шкрипа пода, али
сада сам је ослушкивао сећајући се једном изгово-
рених речи рођаке Сене о мирису чамових дасака
у коме охлађено лице једино налази спокојство.

Прве капи кише у дану већ одмакле јесени сли-
вале су се са надстрешнице док је рођака Сена
стајала пред степеништем куће у Мирочкој 5. Пр-
сти су јој били положени дуж нарецканих ивица

фотографије (са таквом пажњом приносе се од-
ликовања на црвеном сатену до руке која их качи
на ревер). Прилазио сам са стрепњом коју дотад
нисам познавао. Време до часа када ћу се суочити
са делом свог калемарског умећа мерио сам отку-
цајима свога срца.

Усне рођаке Сене скупљале су се у кружић, као
да затежу скривени мишић на отвору из којег ће
покуљати отров и разлити се одузимајући ми глас
и покрет. То усне ипак не чине из милости, мину-
ло ми је кроз свест, већ чекају да убиствени садр-
жај провали свом накупљеном снагом. Ако крију
змијски зуб, рођачки ујед никада више не може
бити проба породичне трпељивости, у тренутку су
у мени завапили фамилијарни опроштаји.

„Уђи, рођаче мој“, пожуривала ме је.

Пењући се степеништем, гледао сам јој листове
ногу. Имали су боју растопљеног шећера и неупо-
редивом лакоћом одизали је с једног степеника на
други. Застао сам толико да јој видим прегиб коле-
на. Продубљен сенком, он ми је на тренутке гу-
тао поглед као мрачна јама.

У соби, њене очи су ми неочекивано поврати-
ле снагу; угледао сам у њима безопасну бесконач-
ност. Уваљујући се у фотељу, проговорила је као
да јој глас долази са далеких одморишта времена.
„Ти знаш за моје назоре у стварима које се тичу
смрти и живота и већ се надаш изливу мог незадо-
вољства. Ах, то неће бити последња заблуда мла-
дости! Али, не замерам ти, драги рођаче. Ти и не
мораш знати да је моја смрт само крај мог првог
живота. Био је то крај за којим сам чезнула. Али,
ако су неком дата два живота, он мора да брине и
о свом другом скончању. Несрећа је људска што
понављања немају чар првобитних доживљаја.“

„Нека само навика не буде наша смрт“, рекао
сам не смисливши ишта паметније.

„О, ја", отхукнула је и наставила: „Рођак који би и старе Латине приморао да ставе у моја уста речи: 'Душа ће те моја славити и знамења твоја ће ме крепити' – ANIMA MEA LAUDABIT TE ET INDICIA TUA ME ADJUVABUNT – заслужује да чује и ведрије речи од мога јадања. Али, како да их пронађем, те речи, када ми је несрећа моје најдраже пријатељице стегла срце. Санвила, прелепа на одру, васкрснула је."

„Зар је то несрећа?"

„Јесте, драги мој. Никада више она не може бити најлепша мртва жена. Лепота њеног хладног лица, којим си се и ти усхитио, сада је нестварна."

„Не разумем, рођако! Шта се десило?"

„Десило се, рођаче, оно што се не дешава. Санвила је расклопила своје очи и затреперила као да се у буђењу пита да ли то мене види на пешчаној плажи. Није грешила, ја сам уистину била на песку, под сунцем. О, боже, боже, откуда ти овде, Сена, проговорила је гласом који се на путу до мене претворио у краткотрајни зврј. Венац сунчевих зрака красио јој је лик. Стајала је неко време преда мном, занемелом, а онда се извукла из сунчевог ореола као из обруча и повлачећи се уназад у дубину небеског плаветнила постепено нестајала. Пренеражена њеним повратком међу живе и необјашњивим бекством придигла сам се и стала да отирем песак са својих ногу. Тада сам спазила, а на корак само од мога пешчаног лога, ову златну бурму. У магновењу сам схватила да је то њен дар, искован од самих сунчевих зрака, и да је он тужан спомен на њен повратак у живот. Захвално сам подигла поглед према небу, у некој нади да ћу је угледати. Не, нисам је видела. Али када сам протурила поглед кроз бурму у својој испруженој руци, она ми се приказала на свом ваздушном путу мањом од мушице. И нека ми се верује, чула сам тада корак њеног бега."

„О, рођако Сена, Санвила је тако..." – рекао сам са помешаним осећањем безнађа и неверице.

„У поретку коме смо потчињени свако има своју судбину, а све што се може учинити је да се њој пође у сусрет. И није светогрђе ако се то покуша уз туђу помоћ. Ја уопште нисам обесхрабрена. Напротив, моје наде у тебе, драги рођаче, никада нису биле веће."

„Хвала, рођако Сена, таквом се поверењу уистину нисам могао надати", проговорило је из мене правдање ненавикнутог на похвалу.

„Прерана захвалност није мање пожељна од претеране", погледала ме је подижући главу, „али спремна сам да опростим и такву несмотреност када знам да бих учинила по вољи бледоликом белегу на твом прсту ако бих ти даровала ову златну бурму."

„Чиме сам је заслужио?" – бранио сам се изненађен таквим поклоном.

Она је ћутала.

„Али, чиме... рођако, то је претерано..." – снебивао сам се.

Направила је покрет руком, као да залуталог одводи са погрешног пута, а онда је стављајући обе шаке на сто, помало нагнута, спремна да изложи себе и некој невољи, која је, помислио сам, засигурно неће снаћи од мене, рекла дрхтавим гласом, али и са наговештајем претње, толико несвојствене њеној природи: „Не марим што ће се пакост огласити речима да те заручујем за Санвилу."

Окренуо сам се нагло, али никога није било за мојим леђима. Врата су се бешумно шетала на својим шаркама, отворена колико да пропусте једно искошено тело.

„Да, ветар", рекла је неочекивано умирујуће.

Она, наравно, није могла знати да су се врата отворила да бих ја изашао.

„Немојте се љутити што сада морам да пођем", рекао сам са свешћу да ипак чиним нешто недопустиво, али нисам могао да се одупрем жељи да се нађем у слободном простору.

Обревши се на улици, безуспешно сам тражио палцем прстен на својој руци и питао се да ли је онај који сам носио на домалом прсту до сусрета са успаваном рођаком Сеном на плажи, малочас виђен на њеним рукама, био мој или Санвилин.

Из Мирочке 5 ветар је доносио глас: „Он је пошао, Санвила."

Ветар је односио у даљину глас из Мирочке 5 раздељен у два дела: САН – ВИЛА. Потрчао сам за тим гласом, тек толико раздељеним да не пођем на две стране и да ми се путеви не укрсте, трчао сам убрзавајући корак, све брже сам трчао, већ нисам дотицао тло.

И узлетео бих, ношен бешумним крилима, само да је небо у зениту подземног света надмашивало бар две висине мога тела. Свеједно, грабио сам брзином која ће ме бацити у наручје пре него што се раширене руке могу склопити у изгубљеној нади да ће приргрлити онога који им је најављен. Док ми је неки ветар, о, како би тај могао да залупи врата на кући у Мирочкој 5, хладио лице, разумевао сам смисао изравнавања рачуна у свеколиком кружењу материје, и то, ако ми је сећање на Сенине речи поуздано, са гледишта вечности; баш, не друкчије до ли са њених обичним смртницима непојамних безмерја.

И у том посвећењу откривеној истини, гле чуда, ја се упитах да ли је сада тамо, пред мојом некадашњом кућом, све било почишћено, а лишће сакупљено у гомилице сагоревало у диму који мами сузе, оне што се гутају, и нагони на кашаљ, онај што прочишћава, како све наше не би било ни оно што је он сâм. Дим.

ВОЗОВОЂА

У 10:45 доцент правног факултета Марко Шутла вратио се са железничке станице. Сада је у свом кабинету. Колега Андреј, његов и Маријин (најпре је његов?) вишедневни гост отпраћен је. Отпутовао је другим по реду преподневним возом, оним са поласком у 9:35, уместо првим, у 9:20.

Телефон је дуго звонио. Јавила се Марија. Је ли Андреј, наш Андрушка, отпутовао својима?

Зашто Андреј не би отпутовао? Па, наравно да је отпутовао.

Зашто Андреј не би отпутовао, ни сада Марко Шутла није говорио себи, али слушалица на другој страни већ је била спуштена.

Андреј, значи, и није морао да отпутује, тако мисли Марија. Али Марија је знала да је он данас морао да се врати, није могла бити у заблуди. Можда је мислила да је Андреј могао да отпутује другим превозним средством. Путујте Ластиним аутобусима, они су најудобнији и најбезбеднији, сама Марија је последњих дана до бесвести понављала рекламну поруку.

Марија се поново јавила. Којим је возом Андреј отпутовао?

Могла би да питаш како сам се вратио са железничке станице. Ако бринеш...

Ипак, одлучио је, ако га Марија још једном буде позвала рећи ће јој да је могла сама да га отпрати. Нека то схвати како хоће.

Је ли он сасвим сигуран да је наговорио Андреја да иде другим уместо првим возом? Или је овај то сâм одлучио. А како је он то наговорио Андреја? Зар Андреј није рекао да журба, не тиха вода, брег рони? И да су њих двојица већ почели да се осипају. Андреј га је и зачуђено погледао. Да, да, говорио је притом, а као да је друкчије мислио. Што се њега самог тиче, ухватио је Андрејев испитивачки поглед кад је свој, одлутао низ железничке шине, сужен као и оне саме у даљини, неочекивано свратио на његово лице. Можда му је зато и рекао: Андреј, још има времена. Времена има за признање, покајање, наравно и за воз. Ово последње, за шта се све може имати времена, није изговорио. Ако је Андреј био у недоумици, он је није изазвао.

Сада Марко Шутла нема више времена. Сваки његов час почиње у минут тачно. Ни овај неће бити изузетак. Затварао је врата кабинета када је телефон зазвонио. Опет Марија, помислио је.

У неиспуњеном амфитеатру у првом реду је она која неодољиво подсећа на Марију. Једном ће је замолити (наредба као молба!) због неверице у њеним очима. Чиме изазване? Која јој из очију искаче. Ма удаљиће је зацело, десиће се то када она пита нешто чему он, тада у сопственој неверици, вешто одглумљеној, може да се подсмехне са, на пример, о колико их је, неколико бар, које га упијају.

Започео је прилазећи катедри, као да му је ослонац читав свет.

Случај пријатеља који праћећи другог на станицу убеди овога да не иде првим возом, већ другим. Први воз стигне без тешкоћа, а други доживи судар и у њему страда путник. По теорији conditio sine qua non, и убеђивање да путник не иде првим возом представља узрок, јер да га није било путник би отишао првим возом и не би доживео удес. Али здрав разум зна, и поред исправности

формално-логичкоґ приступа, да задржавање при-
јатеља на кафи ради ћаскања на станици редов-
но по себи не доводи до штете, до несреће. Због
тоґа су мноґи с правом сматрали.

А ви, шта ви сматрате, упитала је Маријина
двојница.

У ґорњем примеру, наставио је Марко Шутла
не осврћући се на упадицу, *да није дошло до ис-*
клизнућа доцнијеґ воза или његовоґ судара са дру-
ґим возом не би ни ћаскање на станици, које је
спречило одлазак ранијим возом који је безбедно
стиґао, моґло да буде формално-логички узрок
штете. Формално-логички узрок, у датом случа-
ју ћаскање, није узрок у правном смислу или није
равноправан, адекватан, јер је случајан сплет са
типичним узроком за дату штету, тим искли-
знућем воза. Отуда, носилац формално-логичкоґ
узрока (пријатељ) не дели одґоворност са носи-
оцем типичноґ и адекватноґ узрока, који је, је ли
тако, железница.

Гласајмо за формално-логички узрок штете,
хоћемо ли, скоро да је ускликнула Маријина двој-
ница.

Ово је исклизнуће лепотице из колосека свести,
није за подсмех, опоменуо се Марко Шутла, и заћу-
тао; пре него што је наставио излагање о редукцији
одговорности адекватних и типичних узрока штете.

Марко Шутла завршио је тога дана предавање
упозорењем својим студентима: путујте возом ко-
ји сами изаберете, упркос свему.

Маријина двојница је устала, паковала је своје
књиге пре свих, и да ли претећи, рекла да је сада
касно за покајање. Из ушију није вадила транзи-
сторске слушалице.

Марку Шутли се учини да је неколико оних
прелепих створења, нису заостајала за Маријином

двојницом, која још нису била скинула поглед с њега, прошапутало: Боже, спаси га напаснице. Сачувај га за нас, то им је већ сâм стављао у уста.

Марко Шутла је грабио својој кући. То би неко рекао гледајући га. А он је био гоњен унутрашњим ветром. Није он то измислио, нити су нечије речи говориле из њега. Стварно је тако било.

Црна вест, закукала је с прага Марија.

Марко Шутла није био човек који ће се лако ухватити за главу. Ако се томе дода да је свему тражио доказе, разумеће се што се Марија потрудила да метафору замени чињеницом.

Други воз је искочио из шина, рекла је Марија.

То још ништа не значи, знао је то и рекао Марко Шутла. Воз је искочио из шина, са њим и путници, али њихово стање може бити и боље него што је његово сада, када мора да објашњава очигледну истину.

Он је погинуо, његово име су објавили. Ти си убица, то ја објављујем.

Марија, Марија, како си ти паметна, рекао је Марко Шутла.

Убицо! цикнула је Марија.

Марко Шутла је схватио да Марији треба помоћи. Овако је он то учинио. Прешао је руком преко њеног чела и рекао: такав избор је био једино могућ. Сама си била истовремено путник у два воза. Било би превише да су оба воза, знаш већ шта. Захвали моме осећању мере.

Чувши то Марија се усекнула и обрисала сузе.

Марко Шутла је потом, када је са Маријиног лица ишчезао траг суза, ставио на своју слепоочницу шаку и за столом утонуо у размишљање над отвореном књигом. Пред очима му је заиграо лик Маријине двојнице. Откуда је она знала, питао се. Али, шта она зна?

Ништа друго него да савршен злочин постоји. И кога она жали? Андреја, путника у вечност? Заслужио је да за њим кане суза. Или Марију, своју двојницу? Треба питати саму Марију. Можда овако: Марија, ко си ти. Јеси ли ти она, или је она... Шта би Марија одговорила?

Боже, шта му је!

О, ништа, тргао се Марко Шутла. На скретници смо, Марија. Морао сам да успорим. Ту, ту, тутуу. Сада улазимо у тунел. На крају тунела је увек светло. Ко јадикује да не види светло на крају тунела? Какви су то мрачни људи. Ми нисмо такви, а људи смо. Каквих све има људи, Марија. Познавао сам човека који је у тунелу себи опалио шамар не би ли сви мислили да га је дама казнила због непристојности. Немој мислити, Марија, да знамо којим ћемо се заслугама надати. Неко. нам и у томе мора помоћи. И боље је да тај учини то сâм него да подметне свога двојника. У ишчекивању сам, Марија. Ја више нисам слепи путник. Са својом исправом сам пред тобом, Марија. Хоћемо ли да правимо воз?

Марија је оклевала да прави воз.

Да ли би то учинила њена двојница?

Нека она, Маријина двојница, ипак скрене на слепи колосек, одлучи Марко Шутла и тада, тек тада, загледа се у Маријине очи, као у једину књигу. Наставак излагања са претходног часа био је у њој већ записан, у низовима ситних редова. Марко Шутла зажмури, опклади се у себи да текст започиње... Возовођа, са олакшањем одахну.

Спокојан, Марко Шутла рече, као да другом говори, оном који ће сутра бити за катедром, да се ноћас мења ред вожње и да је последња прилика, са поласком у 9:35, морала бити искоришћена.

ОДЛУКА

Око мене су будући мртви. Мени то не смета. Смета ми када неко међу њима има оно што му не треба. На левој или десној страни лица. Овај то има на левој. Не на десној, којом нас дочекује. Ми улазимо у аутобус с његове десне стране. Зато је срећан. Нико не види његову леву страну лица, нагрђену великом израслином (зашто баш боје недозрелог грожђа?). Он никада не би био возач тамо где се вози левом страном пута. Овде он весело звиждуће, успут гледа како ходају будући мртви. Његово лукавство није мало. Нама здесна, њему већ наклоњеним, звиждукање не смета. Онима слева, ходачима, још више онима за воланима, покретна је силуета. Загледају ли се у њега они који му у сусрет долазе, неће се добро провести. Због њих, мртвијих од осталих, мени смета оно што њему не треба. Због тога почињем да се нервирам. Неко, осећам то, сматра безразложном моју узнемиреност. Неко је путник на суседном седишту. Погрешна вам је била полазна тачка, каже он. Станица са које сам пошао? Не, мислим, каже тај, премиса. Он је прави возач за вожњу левом страном пута. Зар не схватате шта се дешава када лева страна лица пређе на леву страну пута, тек је то пуна скровитост. Шта ћемо, хоћемо ли га слати у Енглеску, немо се питамо. Случај је хтео (инсценација за лошу причу) да смо били на станици *Лондон,* код *Београђанке.* Опет смо се згледали. То је већ било завереништво. Тргао сам се. Нећу да ми ишта више смета, када сам већ са будућим мртвима начисто.

РАЗДВОЈЕНИ

У бријачницу или болницу? Један пут имају крепки, други посустали. А има и неодлучних. Кад се они нађу, у бријачници или болници, не знају где су. Зато би најрадије били у књизи, да о њима спомен остане. Удовољавамо њиховој жељи. Макар такву књигу сами не исписивали. Водимо их у болницу (бријачница је место усмених прича). У болници се воде књиге евиденција. Кроз њих свако прође. Али ми знамо шта се тамо све бележи. Поред болничара у болницама су и медицинске сестре. Оне имају своје записе о знаменитим болесницима. О обичнима се необично стара лекарско особље. Најнеобичније старање је обавеза примаријуса. Изнад њих су професори. Они су чувени. Једном таквом вас (у граматичкој множини) и водимо. Ви не пружате руку, знате пут. Знате и шта ћете рећи. На пример, да је за праву болест, болештину, потребно двоје. Не рачунајући саму болест. То сте ви и ваш исцелитељ. Јер ви сами и нисте неки изазов за (вашу) болест. Али професор јесте. Молим, зар није. Застали сте на вратима. Као да вас је неко пресекао. Препознали сте га. Њега, за кога сте мислили да је брица. При сваком сусрету, на улици, случајном, јер других не би ни могло бити. Увек сте му у руци видели бријач. Мислим *Solingen*. Могао је да вам показује празан длан, не бисте му веровали. Имао је рукав, довољно за сумњу. Сада, већ сте закорачили к њему, заборављате себе, не њега. Остаје вам само сећање на разлог доласка. Стрепите од разочарења, ма ко да је пред вама, и сâм конзилијум. Могли бисте да чујете да ваше стање није забрињавајуће. То вам се на несрећу дешавало. Али тада сте били још млади. Нисте у годинама, тако су вам говорили. Те године, у којима никада нисте били, најзад су дошле. Оне имају и своју каквоћу. Нису добре. Ако нису добре за вас, не могу бити ни за вашу болест. Уосталом, немате шта да оклевате. Тражите место својој болести у уџбенику. На његовим страницама, тако се каже, а и прецизније је. Сами бисте се задовољили иницијалима. Ово прво није превише, од вас, друго је одступница за обојицу. Професор је замишљен. Друкчији може бити ван приче. Знамо да на томе сâм инсистира. И он не обраћа пажњу на вас. Али ви сте му у мислима. Тако је договорено. До тог часа он поштује процедуру. Онда истрже влас из своје косе. Показује је сунчевом зраку. Потамнело је сребро. Сева његова друга рука. Уместо једне две су власи. Ниједна се не коврџа. Једна је сама пала на под, другу је испустио. А скалпел? Он наводи на исправку. Рука није севнула, већ оно у руци. Сада је то (сâмо) у руци. Скалпел, не треба крити. Онда, то је морало да се деси, ви долазите на ред. Јер он је ту због вас (пријем је уговорен, зна се шта то значи). Ваша анамнеза? Не збуњујте се. Расејаност као манир. Не ремети дубоку концентрацију. Али треба да се приберете и ви. Професор ће вам признати (ја морам да признам) скромност. Ви сте хтели у уџбеник. Уџбеници се пишу за почетнике. Почетници се уче на типичним случајевима. Ваш је непоновљив. Он то никада није два пута рекао. Зато добро слушајте. Идентификовали сте се са болешћу. У првој фази. У другој сте изгубили своје ја. Остала је болест, вас више нема. То што мислите да сте ви, то је ваше сећање на вас. Ту негде ћете се наћи. У вашем сећању. Нагодба у изгледу или већ уговорени сусрет, ипак бисте да разјасните. Садашњост је у прошлости, вашој и његовој. Треба је само изнети на светло дана. Професорове очи пркосе оном истом сунчевом зраку. Ви сте за прошлост у садашњости. Ко зна како ће се она, која је била, показати у ономе што сада јесте. О будућности још увек не размишљате. Јер професор такође још увек није рекао да ординација никада неће бити место академских расправа. Када о томе говори, да ли ће, ви добијате у времену. Али његово начело је делатно. Пружите руке, покажите вене! И узвик је сећање, иначе бисте звали упомоћ. У збрињавању (сме ли оно изостати у уверљивој причи) следује вам само стипса (кисели камен, *алаун*), по најбољој традицији. Зашто не и пијавица, коначно. Зато што су ретки писци који ће се за њу одлучити. Само стипса, дакле. Да бисте схватили да вам је прича најиздашнија варијанта. У избору између традиције и осталог. Прича је традиција, уџбеник остало. А треба и да знате, јесте ли заборавили, ко су најбољи људи. Каквим вас заобилазним путем човек мора водити к њима, добро, једном од њих. Који је на два места. Оно тамо, код нас, на ћошету, држи му, ви дошљаци то не знате, *pater.* Зове га тако, јер само на латинском, каже, може да успостави везу са собом раздвојеним. Невероватно. Па ви сте му у томе најбоље послужили. Већ сутра би могао да се обрати своме тати како пристоји. А ни ви нећете више лутати. Те сêде, јутрос их нисте имали, зову маказе.

САМО НАША ГРЕШКА

(Прича отвореног прозора)

Да ли сте одлучили да некога баците кроз прозор? Свеједно, можете се предомислити.

У сваком случају, потребна су вам извесна сазнања о прозорима.

Наполеону су, на пример, прозори служили да би их преборјавао.

Познајем људе који су излазили кроз прозор. После су говорили да није било противпожарних степеница. А поуздано се зна да није било ни ватре.

Кроз прозор се може пљунути или бацити ђубре. То су забрањене употребе прозора.

Прозор је пут у слободу. Пустите птицу, на пример.

Кроз прозор се могу гледати падобранци, али и они други. Варају се они који мисле да се о падобранцима више зна. Да није све како се обично мисли сведоци су Дино Буцати и Славомир Мрожек. Први нас је упознао са Мартом, девојком која пропада. Пропада се на разне начине, Марта је пропадала кроз ваздух. Претходно је била на деветнаестом спрату. Тада је још увек била девојка. Старица је постала када је стигла до висине првог спрата. Успут је доживела многа узбуђења, највише захваљујући прозорима. Кроз њих је гледала и њу су гледали. Славомир Мрожек нам је представио *Оно̄г̄а који п̄ада*. То је мање сентиментална прича, у којој је и обичан црв спасилац, а дружење у ваздуху чешће него на земљи. Ти падови, појединачни и групни, најбоље су могли да се прате са или кроз (ово како граматика допушта) прозор.

Да све није као у причи могу вам потврдити многе познате личности. Делон Ален и Карлос Менем, пре свих. Првог познајете, други је био (можда још увек јесте) председник Аргентине. И један и други били су пријатељи Карлоса Монсона. Чули сте за Карлоса Монсона? Он је био највећи боксерски шампион Аргентине и један од највећих асова на светскимринговима. Неприкосновен од победе над чувеним Нином Бенвенутијем, 7. новембра 1970. године у Риму.

Карлос Монсон имао је једну несрећу. Десило му се да је 3. јануара 1981. године бацио кроз прозор Алисију Муњос, своју трећу жену.

Случај, опет, хтео је да Алисија у ноћи пре него што ће бити бачена кроз прозор, заспи на узглављу под којим је била збирка прича Дина Буцатија, са обележеном страницом приче *Девојка која пропада*. Тај податак оправдава намеру да се да следећи опис који неће бацити сенку на наклон Карлоса Менема и Алена Делона сенима Карлоса Монсона.

Карлос Монсон је, ето, открило се, мртав. У каквој је вези његова смрт са бацањем Алисије Муњос кроз прозор? Најпре обећани опис.

Карлос Монсон, великан племените вештине, ни тада, када су му очи биле изгубљене у њиховом сопственом мраку, није могао да зада ударац Алисији. Па, разуме се, да ме неће ударити, помислила је Алисија. Његова рука, сећала се, стиснута у песницу, умела је да застане, кад је требало, и пред лицем пред којим уопште није било лако обуздавати је. И њега су носили на рукама, као што он сада њу подиже, као да је неко други говорио Алисији, а она слушала, јер она, Алисија, у журби трпа плишаног белог зечића, ружичастих очију, са прслуком и сатом у џепу, скинувши га са горње полице, сама на врху Карлосових дланова, као последњу ствар, једину коју не сме заборавити на поласку, јер када махне може бити касно, то је већ одлазак, сирена запишти, ветар удари у лице. Као сада, да ли то она говори Марти, ван домашаја Карлосових руку, које се не пружају за њом, не висе ни над празнином, док јој се самој поглед веша о рам прозора.

Ако треба дати објашњење о разлозима Алисијиног грчевитог настојања да се у последњем тренутку дочепа плишаног белог зечића ружичастих очију, са прслуком и сатом у џепу, оно би могло бити само са позивом на списатеља Керола Луиса, аутора *Алисе у земљи чуда*. Он би потврдио или порекао сличност, могуће и истоветност, Алисијиног зечића са оним из бајке *Алиса у земљи чуда*. Чему и то, могао би неко да упита, као и сам зечић. Алисија се сматрала имењакињом девојчице из бајке, упркос разлици од два слова или гласа, а то јој је било довољно да се нада чудима чија веродостојност не би могла бити потпуна без зечића. Тако бар сматрамо.

Алисија Муњос није измишљена личност (не прекоревамо ни Дина Буцатија ни Славомира Мрожека) и ми не знамо како је једна стварна личност доживела свој пад, нити можемо да судимо о испуњености њених очекивања. Препуштамо закључке читаоцу који сада зна да је Алисија познавала Марту, девојку која пропада, и да се сматрала имењакињом Алисе (из земље чуда). Никоме, пак, нећемо ускратити податак о истовременом догађају на небу Мар дел Плате (Мар дел Плата место првог чина ове радње).

Подрхтавали су као паукови на зањиханој мрежи, уснуло, а нестали као спуштени камен, тамо, за силуетама солитера дуж пута за Санта Фе (пут за Санта Фе је место радње другог чина). Падобранци VII светског првенства, првог на тлу Јужне Америке, отвореног пробним скоковима свих учесника.

Могли бисмо да кажемо: Алисија је могла да покупи куполе падобрана са људићима испод њих као печурке у шуми после оне кише која је њу први пут разоденула пред Карлосом, слепивши јој одећу са облинама тела. Могла је да их покупи али није хтела. Можда ће и покушати да се домогне неког од њих, за успомену на овај дан. И тако даље. Шта бисмо све могли да кажемо у страху пред оним што ће је снаћи!

Али ово је ипак само прича о прозору, или прича прозора, видеће се.

Приче о прозору, задржимо се на њима, имају своје захтеве. То је због самих прозора. Пред прозорима догађаји промичу, ретко кад се и завршавају. Не треба заборавити да могу бити и укадрирани у решетке.

Дабоме, Карлос Монсон је био ухапшен. Да се то није десило Карлос Менем, председник републике, не би морао да каже: Увек сам био у контакту са њим (са Карлосом Монсоном, то смо ми додали), преко писама или посредством заједничких пријатеља као што је Ален Делон.

Затвореник са којим се дружи председник републике мора бити доброг владања. Карлос Монсон је био довољно паметан да не буде изузетак. Зато је уживао повластицу слободних викенда. Кад имате слободан викенд седате у кола, то је прво што ће учинити и затвореник. Али оно што вас разликује од затвореника, вас који такође седате у кола, јесте да затворенику може бити скраћена казна затвора, вама ништа није обећано.

Затвореник који ужива повластицу слободног викенда враћа се у затвор. Зар то није знао Карлос Монсон? Ако је знао, зашто се враћао брзином од 140 километара на час. Путем за Санта Фе (место радње другог чина). Није ваљда желео да умре? И да му тако буде скраћена казна затвора? Наравно да није.

Неко ће рећи да све и није било тако. Него да је Карлос Монсон везао себи ланац смрти. Подозревамо у томе лукавство. Кад се тај ланац веже, већ се не зна која је била прва, која последња карика. Али ми отклањамо и ту замку. На почетку и на крају бејаше прозор.

На почетку да би Карлос Монсон бацио кроз њега Алисију Монсон.

На крају...

Да се са прозора слуша како гонгови крај рингова одзвањају бујем црквених звона.

Да сузе са прозора квасе плочнике родне груде Карлоса Монсона.

Да прозори буду окићени пратиоцима (померају им се очне јабучице) погребне поворке.

А Алисија Монсон? Она је морала да пође за Мартом, девојком која пропада. И сматрала је себе имењакињом Алисе (из земље чуда). Њен пут је био судбински предодређен. Прозор је њу само изводио на тај пут.

Прича о Алисији и Карлосу, обоје Монсон, сложићете се, ипак је прича прозора.

Као што се прича прозора разликује од приче о прозору, тако и међу причама прозора има различитих, најмање су две међу њима. Приче отвореног и приче затвореног прозора. Прича отвореног прозора, каква је о Алисији и Карлосу, обоје Монсон, заслужује реч о себи.

Прича отвореног прозора никада нема заплет. Заправо то и није прозорска прича. Сасвим прозорска је прича затвореног прозора. Њу не умемо да испричамо. Затворени прозор има два лица. Једно отворено, друго затворено. Отворено је за вас затворене, који кроз њега гледате. Затворено за све који хоће да вас виде. Никада се не зна чија је тајна већа, ваша или њихова. Кад тајна почиње да вас распиње, ви, они други то не могу и кад би хтели, отварате прозор. И онда, тек онда, настаје прича отвореног прозора, без заплета, а њу је боље и не испричати. Ми смо направили грешку.

ОДМОТАВАЊЕ КЛУПКА

Он је мој несуђени деда. Иначе покварењак. Шаље мојој рођеној баби, Ани, писмо у коме је наводи на грех. Писмо је потписано једним словом, почетним мога имена (стидим се). Моја баба је тада малолетна. Шта је баба требало да обећа? Ништа нарочито. Само да каже како од њега није било тешко изнудити љубав. Пази, богати! рекао би мој рођени деда да је ишта о томе знао. Али како се десило да то писмо остане неоткривено међу бабиним дневничким записима и после десет година од њене смрти? То је необјашњиво. Необјашњиво је и то како моја жена Ана, имењакиња моје бабе, каже: Од лепих је успомена живела твоја баба. Изопачена једна! Не, моја баба се није одрицала непобитних доказа. Говорила је да се свако клупко једном одмота. Кад на то подсетим, Ана, моја жена, скреће разговор. Чини то и сада. Каже, опет ћемо читати писмо. Можда није довољно касно, одвратим јој. Не, није, каже она. Погледам на сат и уверим се да је у праву. Треба рачунати и са уводним реченицама.

Ана жури: Коме или чему треба црном марамом повезати очи? По који пут Ани треба да говорим о неподударности жеља, њиховом приближавању, и, најзад, стапању.

Не желим тамо куда сам била наумила, каже Ана.

Уосталом, чему журба.

106

Кад Ана то чује у њеним очима се пали (контролна лампица, да ли се тако зове) оно што ће жмиркаво да утрне на мој неми знак да све долази у своје време.

И време је, да читамо, наравно. У ствари, Ана је слушалац, већ дуго не прати немо редове.

Сопствена жеља је огледало себичности које у парампарчад треба разбити. Њој, рођеној, црном марамом треба повезати очи. Нисте то знали? Могуће је да сте зато рекли да бисте пошли својој кући. Свеједно, сада заборавите оно што сте казали. Помислите само да не желите тамо куда сте били наумили, биће довољно. Не инсистирам на покајању. Јер ми заправо и не знамо да ли увек говоримо оно што хоћемо да кажемо. А ја ионако имам разумевања за вас. И сâм сам се једном повео за жељом да што пре, одмах, стигнем кући, да бих касније горко жалио што нисам би стрпљив. Уосталом, чему журба? Све долази у своје време. Ми не знамо који је то час. На нама је да чекамо. Ваше колебање нећу назвати обманом. Јер они који не суде, а ја сам увек уз њих, опраштају порекнуту реч. Ви сте се коначно предомислили. Честитам! Томе сам се и надао. Одобровољили сте ме. Обећавам да ћу вас охрабрити ако вас страх обузме. Објаснити ако вам сумње наборају чело. И нећете брзо предати забораву оно чиме ћу вам узвратити. Јамчим својом речи. И чашћу. Али шта ћу учинити, шта ћу учинити, нестрпљиво питате. Нека вас не плаши ако је за друге много оно што је за мене мало. Не боли, рећи ћу (због оних који кроз зид могу прислушкивати) ако вам се отму крици. Почнете ли да дахћете, снага ће вам се изнова враћати. Кад кажем – готово је, заиста ћете зажалити. А ја ћу онда рећи: тек почињем. И биће тако. Заузврат морате ми обећати, Ана, да ћете рећи како од мене и није било тешко изнудити љубав. Ако

107

то не учините ви... Не, то није претња. Само необјашњива слутња једне предиґре и затраженоґ опроштаја. Шта ја то ґоворим!

Ваш М.

Заузврат, заузврат. Рећи ћу. Обећава Ана која није адресат писма. Мени са именом почетног слова адресанта.

И бива заузврат обећању.

Устајемо потом и окрећемо се зиду, мали прсти нам се преплићу.

Пред сликом мог рођеног деде обоје смо кривци.

Опрости, деда, каже Ана.

Опрости деда, ипак је он њен деда, кажем и сам.

Помичу ли се то усне на слици мога деде не би ли се кроз стакло рама пробило: Пази, богати!

А следећи пут (колико је то сати?), одлучио сам, незаслужено одвојену слику моје бабе од дедине (зна се ко је починилац недела) вратићу у још увек свежи оквир њеног места. Одмотавање клупка са њом, мојом бабом, почело је.

ПРИЧА КОЈА НИЈЕ ПАСЈА

Пас је био, пас остао.

То је рекла ОНА. Али требало је чути и другу страну. Због чега то није могуће, касније ће се сазнати. Задржимо стога пажњу на њој. Јер ОНА је потом чврсто стисла своје усне. Није, напросто, могла ништа више да каже. То, што су очи могле да јој засузе, а нису, ништа није објашњавало. Само је уверавало да је рекла оно што је осећала. Очигледно се није претварала. ОНА је, ипак, мање жалила себе, више осуђивала ЊЕГА. А од осуде до претње само је трен. Покрети тада постају жустрији, сâм корак одлучан. У њену намеру нисам више сумњао. Засукала је рукав, потом и други, другима је могло изгледати да то чини по навици, али ја се нисам варао. Како ће се јадник заштитити? То уистину не знам. И боље је што не испитујем оне крајње последице. Сада морам да признам да је ОН претходно нешто рекао. Ако је тако, онда смо саслушали ЊУ као другу страну. Следећи старо правило требало би сада ЊЕМУ допустити да говори. Неки ту реч зову репликом. Али, када је на самом почетку запетљано изостављањем онога што је ОН већ био рекао, нећу више да западам у грешку. Следи ЊЕГОВА претходна реч.

На ланцу вођени вешају се скоком у амбис. Шинтерским чакљама на смрт прейлашени искашљавају лавеж. Лайтање одаје жедне, а дахтање

109

врућином изморене. Скичање прогнаних губи се у завијању ожалошћених. Луцкасти јуре буве и на празно уједају. Убодом трна укроћена шапа жалостиво сече ветар. Ранама изједени звиждуком репова терају мушице.

Сâм сам доживео судбину да ме газдарица изабере кад је други нису хтели.

Запазили сте да је свако од њих рекао оно што је имао у одсуству оног другог. То је због тога да би се избегао опис сукоба.

На помолу или неизбежног?

Добро знам шта се дешава кад заскичи њихова штенад.

ОНИ увек имају двоје красне штенади. Кад поодрасту, замене их за други пар. Обнављају свој подмладак, говоре пакосници, додајући да немају деце. А ОНА и ОН кажу да се за то време штенци код њих сасвим добро припреме за свој пасји живот. Наводно, на примеру се најбоље учи. То признају у тренуцима брачне среће. Неће се тада ни за живу главу десити да једно од њих двоје издвоји себе као учитеља, они су једно. Можете само чути да је сваки њихов дијалог тачка дресуре. Ако је то тако, онда ово и не би могла бити пасја прича. Дресери су нешто друго.

САНОВНИК

У мислима поче да пребројава длаке у четки за гланц.

„Колико?“, нестрпљиво упита малог црнца са кутије SHOE POLISH.

Улаштено лице малог црнца прели осмех преко ивице кутије, који се помеша са пастом укруг исцурелом испод поклопца, влажећи је пљувачком.

„Изневерио си ме и ти“, изрече у лице малом црнцу и склони га на највишу преграду полице.

Венац скореле пасте у полукругу кутије SHOE POLISH показа му металну лептир машну изнад својих закопчаних уста. То бејаше двосмислена порука: чекај, можда ћеш избројати.

Он је желео одговор без оклевања.

„Колико?“, спусти поглед на своје ноге.

Језик на ципелама је ћутао.

Ујутру, доле на улици, мали чистачи ципела заграјаше.

Нагну се кроз прозор и виде мале црнопуте како својим четкама сачекују цветове маслачка.

Лелујави цветови одолеше потери густих четака.

И одјездише, успут се љубећи. Да ли мушки са женским?

Мали црнопути синуше образима и залупаше четкама сударајући их са дрвеним сандучићима.

Рука са четком само једног малог црнопутог клону. Његову главу сакри сукња из које извириваше стопало са ципелом на ногоступу.

Кад она стиже горе једна ципела се нађе у једном, друга у другом делу собе. А сукња покри главу.

111

ЈЕДНОСТАВНА ИЛИ
НЕДОРЕЧЕНА ПРИЧА

„Не, господо!"

Упозорење је дошло са хируршког стола.

„Дан пунолетства обавезује на судбинску одлуку."

Шеф лекарске екипе повукао је персонал у други део сале и упозорио: „Не заборавимо, судбина има свој прст. И не вулгаризујте, молим, како смо склони да чинимо, да се он једини не може ампутирати; то смо већ чули."

Успротивила се медицинска сестра: „Зашто компликујемо. Прича је једноставна. Баш какву волим за дан свог рођења. Са захвалношћу је примам на дар. Јесмо ли готови?"

Приче о бегунцима из болнице, не и оних за азиланте, похвале су умирућима без туђе помоћи. Зашто су они самосвојни остаће тајна за нас, спомињемо их заједно са причама о њима да бисмо отклонили сваки неспоразум. Ономе ко ће достојанствено устати са хируршког стола, краљевски се заогрнути плаштом којим је био прекривен, излазећи позвати следећег, сачекати да га пропусти, а кад се овај не буде појавио пажљиво затворити врата за собом, смрт није у памети.

Јесте, али и није сасвим тако, сложићете се када прочитате следећу реченицу.

О смрти, уопште узев, није лако говорити. Јер поред саме смрти постоји и нешто њено. Зид смрти. А овај има свог витеза.

Он, који је устао са хируршког стола, рекао је оно чему није могло бити места у предугој реченици о његовом напуштању операционе сале. „Господо, пред вама је витез зида смрти. Он ће увек жалити што сте данас остали необављена посла. Никада и ни у чему он није изневерио своју публику. Нека то буде разлог који ће га оправдати пред вама. И сматрајте се позваним на његову вечерашњу представу.“

Шеф екипе се није уздржао од још једног сувишног објашњења:

„Не морају само операције бити неодложне.“

Опис зида смрти може нас вратити Диогену. Шта би он радио у бурету у коме кружи мотоцикл марке HONDA? Да ли би пристао на саучесништво у *атракцији* најављеној плакатима баченим из авиона?

Ми знамо да је вожња зидом смрти занимање. Да ли је оно фатално, најчешће је питање. Постављају га они са улазницом и они који се никада нећете успети на спољну платформу бурета да би му завирили у трбух.

Видимо шефа лекарске екипе са улазницом у руци. Заклања се иза оних испред себе. Хоће ли да буде непримећен? Ако још и своју недоумицу крије, нека за нас буде неприсутан. Сопствену пажњу морамо свратити на оно што се дешава. После тога, видећемо.

Дечаци пајају објахани мотоцикл. Јахач је у кожним панталонама. Више је ослоњен на једну ногу, другом се прилагођава нагибу писте. Мотор у разделима грми. Снагу му дају и одузимају беле рукавице. Дечаци одскачу. Прво једну, па другу ногу витез зида смрти, то је тај јахач у кожним панталонама и са рукама у белим рукавицама, спушта на папучицу. У следећем трену је свуда, у обручу бурета, јер је бржи од сваког ока, ниједно га не може сустићи. Ништа за нас није извесно, у ишчекивању смо као и сви остали. Стрепњи не одолевамо, песнице нам се стежу. Зажмурићемо, само ћемо слух напрегнути. Грмљавина мотора јењава, не верујемо да то други разазнају, јењава на начин којим се претвара у ехо, а он ће се лако изгубити у ушима. И, ено га, доле, он сâм, витез смрти, у успореном тријумфалном кругу.

Прва је запљескала медицинска сестра. Зар је и она овде? Нисмо је били приметили. „Непоновљиво“, кликтала је.

Овенчавају га.

Две девојке обнажених ногу наслањају своје главе на његова рамена. Одмах се одмичу, ловорово лишће их не милује.

Поштована публико, витез зида смрти је узео микрофон, свака последња представа је таква до прве следеће. Онда постаје претпоследња. Да ли ће та следећа наступити и последња представа постати претпоследња, увек је неизвесно. Ја сам имао обавезу да отклоним сваку недоумицу. Представа којој сте вечерас присуствовали је опроштајна.

Зашто? Како?

Жагор, који одозго долази, овде прекидамо, ионако ће прећи у мŷк.

Није ли он, пунолетан, рекао да своју судбину преузима у своје руке?

Прича је насловљена (и) као једноставна, али ни у таквој се не може избећи одговор зашто је дотични уопште легао на операциони сто на дан своје последње представе кад већ није хтео да се одрекне ње. Питање нас наводи на реч о открићу. О њима, открићима, никада се не зна довољно. Има их великих и малих. Општих и појединачних (међу ове друге спадају и она о разлици између последње и опроштајне представе). Оно што је за некога откриће, за другога то уопште није. И тако даље. Не даље, ту смо. Ако његово откриће није то и за нас, то је наш лични проблем. А оно не бира час. Сетите се, кога хоћете. Исака Њутна, на пример.

Ипак се мора знати да је прича, макар и делимично, насловљена без сагласности шефа лекарске екипе, који у њеном наставку неће бити споредно лице. По завршеној (опроштајној) представи он се изгубио у маси гледалаца. Учинило му се да је себе пронашао када је чуо глас медицинске сестре, говорила је у лице ономе кога је водила: „Само су једноставне приче непоновљиве." Осмехнуо се. Ипак је више веровао искуству. Оно га је учило да једна прича никада није до краја испричана.

КАДА СУ КОЗЕ ПРИВЕДЕНЕ БРОЈУ?

Психијатар М. Н. сматра једним од својих значајних успеха излечење С. З.-а, његову потпуну социјализацију (овај здравствени статус наведен је према речима самог М. Н.-а).

С. З. је одгајивач коза. Представљен је телевизијским гледаоцима у једној предвечерњој емисији. Ја сам је гледао у друштву психијатра М. Н., мога вајкадашњег пријатеља.

С. З., одгајивач коза, опростио се од гледалаца гестом пребројавања коза; биле су на броју, ослобађао нас је бриге.

„Јеси ли се уверио“, упитао ме је М. Н. и налио ми чашу козјег млека. „И у наше здравље“, подигао је чашу. „Живели“, узвратио сам с помисли да сам на том млеку одрастао. Чашу сам ипак задржао на столу, окренуо сам је по оси за цео њен обим; одложио сам тренутак окрепљења.

„Живели“, подигао је М. Н. и другу чашу.

„Зашто тај човек није ниједном замекетао?“ упитао сам М. Н.-а као да га окривљујем за такав пропуст.

„Можда и тебе мекетање подсећа на незацељену рану“, сусрео сам се са његовим погледом испод сведених обрва.

„Откуда ти то?“

„У својој пракси чуо сам и то, али бих више волео да наш однос остане само пријатељски.“

„Мисао је занимљива..., занемари ли се твоја професионална брига...“, и ја сам већ устајао.

116

„Млеко си ипак могао да попијеш.“

„Не, хвала, навикао сам да млеко пијем из шоље.“

„Чекај, друшкане“, заустављао ме је, „можда сам издао себе, али ја се више не наливам. Нека капљица је ипак остала. Сачекај.“

Ако је М. Н. слутио издајство, сâм његов дух, ја сам већ био на трагу саучесништва у том издајству.

Лик С. З.-а, садашњег одгајивача коза, почео је да ми се враћа из маглине времена већ при оном другом „живели“ М. Н.-а. Јавио ми се најпре као глас из публике у разговору вођеном пре неколико година са страначким првацима. А затим и изразом повређеног милосрђа. По професионалној дужности бележио сам цео ток те политичке представе, трака је морала бити сачувана, налазила се негде у мом стану. Гонила ме је жеља да што пре преслушам онај део са кога ће се чути глас С. З.-а, потоњег одгајивача коза. Одбацио сам одмах помисао да то учиним у друштву М. Н.-а. На одстојању са могућим виновником, упозорио сам себе.

Запажам да и С. З. започиње своју реплику упозорењем. Са траке која се одмотава слушам:

Упозоравам вас, господо, да животиње умиру у стајама, торовима, оборима, стрпљиво чекајући своје избегле храниоце. А ако би и кренуле пољима у потрази за храном и појилима, биле би заустављене хицима. Питате: којим? Онима који њима и нису намењени. Што им ропац, признаћете, неће учинити лакшим. Помор се, господо, упркос свему мора спречити. Будете ли се, пак, и даље оглушивали о моје апеле, чему се могу и надати имам ли у виду време протекло од мог првог обраћања свим страначким првацима, укључујући и вас, овде присутне, бићу приморан да скренем пажњу на себе начином који ће пробудити успавану савест. Шта, дакле, обећавате, господо?

117

Пауза.

После дошаптавања, чује се: Заштитићемо животиње.

И вас, и вас ћемо заштитити, говори други глас, а ја видим како онај други страначки првак упире прстом у С. З.

То је пут којим је С. З. доспео до М. Н.-а, мог вајкадашњег пријатеља, психијатра, закључио сам.

И данас, неколико година после упозорења С. З.-а, још једном, у ствари, али не и последњи пут, животиње умиру у стајама, торовима, оборима, стрпљиво чекајући своје храниоце. Али С. З. није више приморан да скреће пажњу на себе начином који ће пробудити успавану савест. Заслугом М. Н.-а.

Помишља ли М. Н., док испија козје млеко, и наздравља свакој својој заслузи за привођење броју нечијих коза, да изневерава дужнике којима нема замене на овом свету? Или мени остаје да замекећем?

ПЕПЕО УПОКОЈЕНОГ ВРЕМЕНА

Елмер је убио свога деду, отровао га је. Случај се десио тамо где нисте били, у Њујорку. И онда када још нисте били рођени, 1899. Он Елмер, знао је да му је деда завештао замашну имовину, а плашио се да ће старац, који се мало пре свог страдања оженио, изменити тестамент и да му неће оставити ништа. То нам каже Р. Дворкин (професор права). Елмеров злочин је откривен, није важно како, а он ухапшен и осуђен на вишегодишњу робију. Све је, дакле, текло по реду ствари (убиство, хапшење, осуда). Како се може пожелети, да би се поставило питање: да ли је Елмер имао законско право да наследи оно што му је било намењено тестаментом његовог деде? Остали тестаментарни наследници, који би имали право на наследство уколико би Елмер умро пре свог деде, биле су дедине кћери, а једна од њих, дединих кћери, могла би бити Елмерова мајка, не знамо је ли се нашла међу њима. Немамо имена дединих кћери, тако каже онај који све ово прича, речени Р. Дворкин, па ће их он, Р. Дворкин, назвати Говерен и Реган. Оне су тужиле извршиоца тестамента, захтевајући да имовина буде досуђена њима, а не Елмеру. Тврдиле су да Елмер, пошто је убио оставиоца, њиховог оца (није важно што је њихов отац Елмеров деда) нема право на наследство.

Можда би Елмеров деда оставио своју имовину кћерима Говерен и Реган и при самој помисли да би га Елмер могао отровати. А можда и не би:

могао је мислити, рецимо, да је Елмер, чак и са убиством на души, још увек достојнији његове великодушности од његових кћери. О свему томе Р. Дворкин се не изјашњава.

Али упозорава, тај исти Р. Дворкин, ако Елмер изгуби своје наследство само зато што је убица, додатно се кажњава за злочин који је починио; затворска казна му се не брише.

Сами знате да нико не треба да извлачи корист из сопствене грешке, а и не сумњате у то да Елмер није примио своје наслеђе. А јесте ли чули за судију Греја, једног од двојице известилаца највишег суда Њујорка? Он је мислио друкчије од вас. Онај други судија, судија Ерл, привукао је на своју страну четири судије; судија Греј, са којим се, рекосмо ли, никако не бисте могли сложити, стекао је само једног савезника. Тако је Елмер остао без наследства.

Не противим се одлуци највишег суда Њујорка. Судио је по савести и свом најбољем умењу. Хоћу само да скренем пажњу на неколико редака у фусноти текста Р. Дворкина (страна 933. у часопису Удружења правника Србије „Правни живот“, бр. 12/1997.) Судија Греј, онај који је стекао само једног савезника у судском већу, рекао је у једној од реплика да Елмеру неће бити дато да ужива наследство. На то је судија Ерл узвратио: „Како суд буде одлучио.“ Судија Греј је био изричит, судија Ерл је случај великодушно препуштао суду. Може се ипак закључити да су и један и други, и судија Греј и судија Ерл били у праву. Елмер је лишен наследства, али је и умро недуго по спуштању затворске резе за њим. Прва чињеница није, допуштам рећи, била неопозива, околности које би је могле изменити нису биле посве искључене, против друге се ништа није могло учинити. Стога се, на зграђавање Р. Дворкина, који у наслову свога текста пита: Шта је право?, приклањам судији Греју. Али претходно ми ваља рећи како се он, судија Греј, известилац највишег суда Њујорка, уопште усудио да прориче нечију смрт, а када је то већ учинио, да њој приводи никог другог до Елмера, чијем се лишавању наследства успротивио и при томе задобио савезништво једног судије. И на чему је темељио такву своју веру? Али зашто бих ја уопште подозревао да је судија Греј имао на уму убиство из милосрђа? Преузимам на себе ризик претпоставке такве могућности, а нека се по слободној вољи суди колико је видовитост судије Греја била само објашњење онога што долази оним што је било.

Ви сада знате шта ћу рећи. Смрт, она брзодолазећа, може бити наслућена, а таква предухитрена завршавањем необављених и започетих послова, одуживањем дугова, припремањем других за њу (не њихову сопствену) и обављањем других земаљских радњи. Једна од ових је да они, или само један од њих, који би вам били на испраћају, сами не дочекају тај догађај.

Да ли је Елмер, свестан своје блиске смрти, отровао деду да би га лишио бола због највећег губитка који га је уопште могао задесити?

Једини наследник одређен тестаментом највољенији је не само међу наследницима, нека не буде замерено овој наклоности таквима, њу они дугују оставиоцима, не тумачима последњих порука којима се ја и не хотећи придружујем.

Није ли дедина смрт могла бити његов, дедин, избор између ње и предстојећег живота без унука? Могуће је, али о таквом избору ништа не знамо, нити о дедином сазнању о Елмеровој блиској смрти које би морало да претходи одлуци. Али ако је Елмер и бринуо да деда за свог живота не сазна да ће надживети свог унука? Вреди ли размишљати о последицама могућег Елмеровог неопреза? О патњи која претходи смрти и животу (дедином) који би сâм био патња?

Ја не тврдим, морам ли то понављати, да је судији Греју било на уму и једно од ових питања. Ако их је постављао себи, или Елмеру, такође немушто, чинио је то начином у који ја никада нећу проникнути. А и одговоре до којих је долазио, или их је себи као Елмерове пружао, зар није могао и одбацивати. Сам Р. Дворкин нам у свему овоме не може бити од помоћи. Јер он у наслову свога текста пита: „Шта је право?"

И не очекујте да је овде речено испитивање аргумената у припреми одбране у судском процесу који би мени самом предстојао о стогодишњици суђења Елмеру. Сумње ће вас ослободити досад непоменута Дори, Елмерова баба, удова Елмеровог деде, она коју Елмерове тетке, Говерен и Реган, нису у својој лакомости виделе као јединог могућег наследника. Одбијајући сваку захвалност Елмеру, али не и наслеђе које је њему било завештано, она бележи, о томе нас такође обавештава Р. Дворкин, да злочиници могу бити исти али не и њихове судије. Нека то буде запамћено упркос томе што Р. Дворкин овоме приговара својом ауторском примедбом, чије стављање у заграде неће прикрити признање његовог сопственог пораза, ту додуше неочекивану искреност онога који и питањем – Шта је право? – тражи свему право место, примедбом, дакле, да је повратак на место злочина, иначе једина извесност, само разгртање пепела упокојеног времена.

ИЗДРЖЉИВОСТ ТЕКСТА

„Шта вама недостаје?“

„А шта ми не недостаје“, журите са одговором мислећи да сам ја тај коме треба да се пожалите на своју горку судбину.

„Хоћете рећи, све“, проверавам.

„Да, све ми недостаје“, потврђујете.

„Килави сте, можда?“, опрезно испитујем, знајући из искуства да сам још на неизвесном терену испитивања недостатка. Недостатак може бити одсуство жељеног, када и није недостатак, али и присуство нежељеног, када је по свему судећи недостатак. Зар не?

„Могло би се рећи“, знам да колебљивост у вашем одговору треба да отклони моју сумњу у могући неспоразум. Присуство нежељеног, ипак, имамо на уму. Којег нежељеног? Знамо ли то нас двојица? Наравно да знамо.

„*Hernia abdominalis?*“, не оклевам.

„Стомачна кила, не“, изричити сте.

„После овог последњег разјашњења могу да препоручим вашој пажњи јединствени текст, плод мога дугогодишњег истраживања.“

Килавко није ни стар ни млад. Једном килав, увек килав. Па, ипак, и такав, рађа се.

Рађа се у свом изгубљеном плачу. Налази себе, углавном тегобно, у том губитку. А своје присуство, као већ таквог, оглашава, на радост оних који брину о њему, поново откривеним плачем.

123

Ко би слушио занемарену драму рођења и објаве тог чина у речима: „Заценило се и повратило."

Килавко се не може сакрити. Покаже се и тамо где не жели.

Килавко није ни стар ни млад, има га и на почетку и на крају.

Онај с краја, био је и на почетку, само то није знао. И обрнуто.

И међу сличнима је свој.

Килавко не може да буде савршен. Увек му нешто недостаје да буде најбољи килавко. По правилу, оно што му недостаје јесте сам недостатак.

Килавко се, упркос свему, не може дефинисати. Зато о њему има много предрасуда, толико да их не вреди набрајати.

Бог нема разлога да лудог воли више од килавог. А колико воли лудог нека нам кажу речи апостолске: „Бог је одлучио да помоћу лудости сачува свет."

А шта значи бити под окриљем свевишњег! Заштићен од савршених.

„Прочитали сте до краја?", питам док спуштате рукопис на своја колена, загледани испред себе.

„Да", одговарате одсутно.

„Нешто није по вољи?"

„А како би и било. Онај коме ниједан недостатак не недостаје лишен је сваке наде. Никада се он неће упитати: Шта ми још недостаје. Од онога што је недостатак. Не може се он више наћи на оном другом почетку, када му ништа не недостаје. Од онога што није недостатак."

„Ви имате све од онога што они други не би пожелели да имају."

„Осим среће да свој једини иметак, нека тако буде речено, увећам."

„Сасвим довољно да не будете савршени. Радујте се, благословени, кад је тако“, кажем му сада као најближем, радостан што ни аутентичност његовог случаја не доводи у питање ниједну моју тезу из текста подвргнутог провери.

ОЧИНСТВО

Има руку лопова, помислили смо нас двојица видећи му руку у сопственој бради.

То је био њихов тата. Ишао је тротоаром и повремено застајкивао, а она су се возила са нама у аутобусу градске линије, мало бржем од хода корњаче.

„Наш тата“, викала су деца.

Сумњу нисмо показали кад су деца повикала да њихов тата није и наш. Истина, то баш нису тако рекла, али ако су до следеће аутобуске станице развлачила својим гласићима да имају *шашуу,* што се могло схватити и као тврдња да га ми немамо, онда њихов тата није могао бити и наш.

Док њихов тата застаје у кругу шибицара и очима ваља станиолске лоптице, а руку, ону у којој му није брада, држи над плочником као заљуљану рампу, глава му је још увек тамо и овамо, ми их панично упозоравамо на погубне последице искушења у које он запада. Први резултат нашег напора је њихова духовна узнемиреност, која се показује у усрдној молби да повуку само један дим. Она знају да то спасоносно средство не могу да користе у аутобусу, али ми смо већ на станици и на нама је да их понудимо отвореним паклом.

„Не кварите ми децу“, чујемо за леђима, опомену или прекор.

Спремни смо да пружимо објашњење наше намере, а само примамо дар.

Станиолске лоптице прелазе у наше руке.

„Није требало“, захваљујемо на поклону.

„Све три.“

„Умећемо то да ценимо.“

Тако збринути, питамо се чији је он тата. Да ли оне деце... И не оклевамо да запетљамо прсте у коврце дуванског дима извлачећи праменове непостојећих брада на нашим лицима. Зачудо, нас двојица, загледани тако један у другог, препознајемо себе у оном другом.

ГОСПОДАР ЖИВОТА
И У СЕБИ ПОСВАЂАНИ

Био је продавац сувенира у нашем туристич-
ком месту, једини који је продавао оне тањире на
којима је писало на италијанском *Io sono il padro-
ne nel mia caza che governale mia mogli*. Упитни по-
глед муштерија скретао је на превод окачен изнад
врата: *Ја сам газда у својој кући којом управља
моја жена*.

Није мало изненађење изазвала његова одлука
да распрода своје сувенире и напусти кућу у којој
смо га видели. У недостатку другог иметка могао
је располагати само својим животом. То не значи
да је желео да га икоме преда (на милост или не-
милост), жртвује великој идеји или положи на ол-
тар истине. Господар свога живота је изнад свега
тога.

Славу коју је љубио (господара живота) задо-
бијао је поузданим начином, да би ускоро њоме
био и овенчан.

Измицао је смрти, зло поређењу не требало,
као махнит. Већ прежаљен васкрсавао би, опла-
кан будио се из мртвих. И све предавао забораву.
Чуђење и неверица нису му оживљавали сећање.
Било је, затреперила би му нека радост на лицу у
очекивању онога што долази. У тајну онога што
му предстоји нико међутим није могао да прони-
кне.

Свако мора имати свој мир, а не нађе ли га у
себи свуда мора да га тражи, рекао је када се ни
наслутити није могло на какав ће пут ступити, а
потом то понављао као једино што ваља знати. Био

је то наук за оне из великог света (у нашем месту их нема), посвађане са собом, који ни у осами не умеју да владају собом. Примили су к знању, тај наук, па и ако се по њему нису посве владали, ово је прича о њима, јер и сама спознаја истине, треба нам веровати, препорађа. Ако је он у њиховој причи више од њих самих, то је због славе, чији је терет понео. Она, ма колико пролазна, незаобилазна је.

Али ако бежимо од себе, како ћемо повратити свој мир, суочили су га са својом сумњом.

За пут под ногама не треба бринути, сваки води неком циљу.

Можда себе никада нећемо поново наћи?

И то је боље него посвађати се са собом.

И журно би одмицао.

А једном се зауставио и почео да удара себе по глави (КУКУ! узвици присутних). Није више никуда стигао. Жестина и прецизност удараца, палих највећма по слепоочницама, заувек су га зауставили. Тако и уверили да је био господар живота, ако је ико уопште више сумњао у то.

Они о којима причамо, сваки у својој осами и у њој посвађан са собом, били су премрли од страха на вест о његовој смрти, па и тада су се у себи препирали ко је крив за оно што ће их снаћи кад упркос његовој опомени нису нашли свој мир.

Тек у предаху сваће који је сваки од њих имао схватише да он као такав, господар живота, и није могао бити у сукобу са собом, а завршио је како се нико није могао надати. Поскочише тада од радости и одрекоше се сваке власти над собом. Не учинише то, на срећу, занавек, њихово одрицање бејаше само обећање.

Ипак повраћени у живот, посвађани са собом зађоше у кућу коју беше напустио, обиђоше му родбину и суседе. Не нађоше ни превод оног текста са тањира над вратима, али сасушени лепак са неколико мушица у њему развеја им сумњу да су под погрешним кровом. И труд им не бејаше узалудан, сазнадоше од причљиве му родбине, суседа и оних других, који такође не бејаху тешки на говору, да је имао жену која га не признаваше за газду каквим се издаваше, а ни уступак на који он беше пристао не бејаше јој довољан.

Далека му лепа кућа, а и нама са њим, рекоше тада ови посетиоци.

Они не беху из нашег места и нису знали да постоји само господар живота којим други управља.

Испратисмо их захвалне што сазнадоше да се корени великих истина чупају са атара које свако за себе обделава. Обећаше нам, схватисмо то као уздарје, да ће се сећати нашег туристичког места, али свој повратак, још једно виђење са нама, макар, не поменуше.

НИШТА, IN VIVO

Син јој је зачет у епрувети *(in vitro)*. По њеној сопственој жељи оплођена је семеном непознатог мушкарца. Сâм чин одиграо се пред мноштвом очију. Ниједан пар (очију) није био радознао. Све очи морале су да буду позорне. Јер извештаји не би могли бити написани. Ипак је свако од оних са лица места понео (у погледу) клицу живота.

Непознати мушкарац није био и непостојећи. Још мање то може бити отац. Када ће се он појавити?

Пет година по рођењу она изводи сина у шетњу. У једну од оних када се нешто мора десити. Наговештено лошим знамењем. Падом кристалне чаше? Не, не. Ногом над свежом кором банане такорећи на првом кораку. Пут је потом био чист, безбедан, син мање несташан него претходног дана, није испуштао њену руку.

Онда је неко у градској вреви, већ је са сином била на градском тргу, повикао: „Сада знам у коме живим"! Светина је окретањем леђа изражавала сумњу пред таквом тврдњом. Што је и требало учинити. Али она не припада светини, већ толико година (Боже, зар је толико прошло?). И зато се окренула лицем ка ономе ко је оно рекао. А затим је спустила поглед на сина, за сваки случај. Како је у њу одоздо гледало теме, морала је руком да подигне дететову браду. Видела је исто лице.

Сравњење се завршило њеним хватањем за главу и криком за који се у околним зградама мислило да долази од порођајних болова.

Била је задовољна изгледом оца свога детета, можда и више него што је желела. О, како је леп, присећала се касније. Али, откуда бол и крик?

Породични хроничар зна: сазнала је оно што није хтела, то се не ћути; лажни болови су као снови, долазе кад се призивају.

Вратимо се оцу. Сазнавши у коме живи (крајичком свести опоменут да није потпуно у ономе у коме је себе нашао), а не знајући разлог оном крику жене која је водила дете, он у страху од своје изненадне среће утекну у гомилу.

Није ли он био налазач драгоцености (знамо да није лажна), рецимо брилијаната, које стеже у шаци, у глави му се магли, нико не зна од чега, али он мора да се удаљи, верујте му, мора.

Али ко зна који су путеви спасења!

На хроничару није да саветује, неће ни да пресуђује. Отац је могао да остане поред свог детета или да га напусти. Али требало би питати и мајку. Хроничар, наравно, неће ни то учинити.

Побећи упркос свему, није лако. Нарочито ако вас нико не тражи.

На фотографији која ће се наћи у синовљевим рукама када буде пожутела видеће се: случајни пролазник (ми знамо да је то отац), који узвикује (уста су заокружена); она (мајка), која се хвата за главу, са зубима који гризу усну; дете (син), насртљиво избаченог стомачића, са ручицом која петља око ногавице кратких панталоница, загледано у купу голубијег пара на рамену аморета, или само у аморетово међуножје из кога штрца млаз и пресијава се на сунцу.

Син зна да фотографију није начинила тајна служба (чија?). Намера непознатог фотографа била је да овековечи љубавну игру голубијег пара на рамену бронзаног аморета. Али тајни знак може бити што су се у кадру нашли мајка, отац и син. Без голубијег пара на рамену бронзаног аморета.

Фотографија је била обележена даном и часом (утиснути на полеђини штампом апарата). Овај податак постаје значајан тамо једног дана, на прагу пунолетства сина. Тада он оглашава да је рођен на улици (место рођења) и одлучује да за пет година унапред помери дан свог рођења (пада на дан са фотографије). Од намере да исправи грешку (рецимо да је била) у матичној књизи рођених одвраћа га само околност да је недопуштено на толики рок одлагати испуњење извесних грађанских дужности.

Породични хроничар бележи само најзначајније догађаје. Детаље оставља приповедачу. Он хита да прелиста матичну књигу умрлих. Књига венчаних није отворена за лица чије судбине исписује.

Окупљени на фотографији не укрштају више своје животне путеве. А и како би, кад је отац у преосталом делу свог живота само човек са фотографије. Преостали, мајка и син, не скрећу са својих животних стаза. Куда их оне воде? Ако су кругови, јесу ли зачарани?

Хроничар не одбацује прерано ни човека са фотографије. И њему је остало да нешто каже. На пример, да је свака сличност са њим случајна, као у вешто написаној причи. Неко ће у тој претворности открити крунски доказ. Али коме је до очинства? Сину више није.

Мајка је затворила свој животни круг како се пожелети може. У нескривеном, а како само помамном, предавању свим измишљеним играма на срећу дошла је (најзад) к себи. Тако откривши себе, коју није познавала, стигла је још само да поручи сину како би поново одиграла исту карту.

Хроничар је у својим припремним белешкама прорекао да ће син скончати како је и зачет. Сâм није знао како би то могло бити. О зачећу сина знао је колико и ми. Између њега и нас ипак постоји разлика. Наша недоумица зато не мора бити и његова. Требало је само сачекати. Не желимо никоме смрт, али смо на страни хроничара. Били смо. Јер, син је умро.

Сада, када је син мртав (и он), хроничар може да забележи проверено.

Син је пио на литре. Не, није умро од капи. Говорио је само да га једна кап може спасити. Нико није знао о чему он то говори. Кад се пред њим нашла дуговрата чаша, подигао је, застао да наздрави, али му се реч затурила. Није имао шта да каже? Мисле, они којима је наздрављао, како му се учинило да је свака реч сувишна. Или се њима учинило? Није међутим било привида у ономе што се после десило.

Усркнуо је и сручио се.

Чаша, која је касније у описима добила облик епрувете, била је празна када је принео устима, али и док је испијао из ње. Недоумица о томе шта је испио оставила је празнину и у експертизи о узроку његове смрти.

Да ли је испио празнину, упитаће се на крају хроничар очекујући да читалац потврди његово откриће, сâм се не узносећи њиме; зна да му не пристаје да износи непроверено.

А она кап која је сину била довољна по његовом сопственом казивању, спасоносна, и она би морала да се као и свака друга скупља, виси, па онда откида, просипа, кане, оде у неповрат или у нешто саспе, каква би она морала бити? И то ће упитати хроничар. Признаће да нема одговора јер само слути да је и пресипање из шупљег у празно добило своје наличје које је сада неко друго – ништа. *In vivo*.

СКИЦА СА ПУТА ЗА ТРОЈУ

Говоре да чини оно што ће га некад коштати – никада себе не удари петом у задњицу.

Признајем да ме је увек збуњивало да неко чини оно што заправо не чини. Због тога сам и почео да губим веру у реч.

Зарад вере у реч или у њега самог, кога је красила одмереност античких јунака, застао сам; пут ми није могао побећи, и тако се каже, о путу.

Овако о њему говоре.

Није такмац и неће да се да стане на линију и баци камен с рамена; само га одмерава не би ли видео колико таквих може да понесе, ако се они у зид могу уградити. Досеже оно од јуче, никада га не премаши, а могао би, ласно, када би хтео. Оно сутрашње, које долази, не вреди ни спомињати. Он сâм тек подсети да без јуче ни данас не би постојало. Снагу у замаху обуздава, враћа почетку, у длаку поравнава.

Ја га још увек нисам срео. Да јесам, то је могло бити на стази посутој лишћем, у позну јесен. Зашто баш тамо и тада? Његов одговор (занимљивији је од мог) могао би бити: говорили су ми – оно су ти дани, не можеш их нанизати, гледај како се сваки откида; грешимо ли да лист који се њише не пита за здравље оних доле (не заостани ни ти, човече, за самим собом, коштаће те!).

Не треба ми, ипак, веровати да нисмо натрапали један на другог (измишљене туђе речи могу на сваку другу лаж натерати). Срели смо се, како ни-

135

смо. Мада, шта је сусрет. Слутио сам његов ход за мном (није ме пратио), а ја сам и не хотећи одмицао. Покушавао сам да успорим свој ход, застајкивао сам, растојање између нас се ипак није смањивало, то сам са запрепашћењем утврдио када сам се у једном тренутку осврнуо; као да смо били на два краја дрвене мотке, ја у леђа он у стомак њоме подупрти, осуђени на увек исту удаљеност. То се већ није могло поднети и ја сам, најамном у месту укопан, иако пресечен истинским болом од непостојећег краја мотке у леђима, у магновењу начинио полуокрет, савршено тачан (180°), по свим правилима војничке службе, на пети, наравно, уз шкрипу пошљунчане стазе и размицање раздртог лишћа (дешавало се на стази парка, ако је потребно уверавање). Да сте видели то озарење! Које само запрепашћење и дивљење у неком свом судару, ређем од космичког, покажу. Ваша пета, промуцао је. Било је маестрално, помислио сам и сам. Не, нисам дао успоменама да навру. Али, он.

Можда је тако удивљено стајао још само Шлиман над сопственим тлоцртом Троје.

Немам разлога да у мислима разбијам гипсани одливак сопствене пете, који се искрада из углова очију и увећан улази у моје видно поље. Али то чиним ослобођен једне друге сумње. И у часу када могу рећи да је провера успешно извршена.

Његова Ахилова пета била је уистину пета. И то по себи не би било необично да Ахилова пета није у међувремену, од Тројанског рата до данас, постала синоним за сваку, па и најтричавију слабост.

Са повраћеном вером у реч, чило сам наставио пут ка своме циљу.

БЕЛЕШКА О ПИСЦУ

ДРАГОСЛАВ ХАЏИ-ТАНЧИЋ рођен је 1938. године у Лесковцу.

Објављене књиге:

Тајна црног лука (приче),

Смртоносне и друголике приче.

Живи у Београду.

САДРЖАЈ

Драгослав Хаџи-Танчић
ГРЧКО СЛОВО

*

Главни уредник
ЈОВИЦА АЋИН

*

Рецензент
СЛАВОЉУБ МАРКОВИЋ

*

Лектор
МИРОСЛАВА СТОЈКОВИЋ

*

Коректор
НАДА ГАЈИЋ

*

Технички уредници
ДУШАН ВУЈИЋ
ЂУРО ЦРНОМАРКОВИЋ

*

ИП РАД, а. д.
Београд, Дечанска 12

*

За издавача
СИМОН СИМОНОВИЋ

*

Припрема текста
Графички студио РАД

*

Штампа
СПРИНТ, Београд

CIP – Каталогизација у публикацији
Народна библиотека Србије, Београд

886.1-32

ХАЏИ-ТАНЧИЋ, Драгослав
    Грчко слово : приче / Драгослав Хаџи-Танчић. –
Београд : Рад, 1999 (Београд : СПРИНТ). – 144 стр. :
слика аутора ; 21 cm. – (Библиотека Знакови поред
пута)

Белешка о писцу: стр. 137.

ISBN 86-09-00602-6

ID=75149068

Банана Јошимото
Н. П.

Библиотека РАД

Уредник
СИМОН СИМОНОВИЋ

На корицама:
Пабло Пикасо, „Поверење", 1934